津守眞講演集

保育の現在
― 学びの友と語る ―

津守 眞

入江礼子 友定啓子 編

萌文書林
Houbunshorin

まえがき

　「1983年に、私は保育の実践の場に身を移し、いつも子どもとともにいるものとなった。」
　これは、津守眞先生が著書『保育者の地平』(ミネルヴァ書房刊)で述べられている文章です。1983年は先生がお茶の水女子大学から愛育養護学校に移られた一大転換の年で、そこから愛育養護学校での保育実践と両輪のようにして保育学研究を深められていく30年が始まりました。本書に掲載した先生の数編の講演は、その30年間に先生が「そのとき」に考えていらっしゃったことについて保育を志している者の前で率直に語られたものです。言葉遣いに関しては、一部現在のそれとは異なりますが、当時のままに掲載しています。
　本書を出版するにあたって先生にお言葉を寄せていただきたいとお願いしました。先生は快諾してくださいました。そしてこの転換の年に「心に期していたこと」こととして、愛育養護学校での入学式、始業式にお話をされるために用意されていた当時のメモを寄せてくださいました。先生のその後の30年間はこのメモから始まったのです。

この頃私が心に期していたこと
　—1983年4月10日愛育養護学校入学、始業式にあたっての話のメモ
1．どんな子どもも、自分が今日一日生きてよかったと思えるようにしたい。
　　その中身をいえば、いろいろある。自分で何かやったという気持ち

をもつこと。
自分のやっていることを大人から認めてもらうこと。
何もやれなくてもいい。
生きてここにいることを喜んでもらえること。
この学校はそのために工夫したい。
このことは普通の子どもも同じである。

2．この学校が誇りに思うこと
(1)先生たちがどの子どもと友だちとして付き合ってくれること
　　人生の経験年数からいっても専任8人のうち、1、2の若い人のほかは、10年以上この学校で仕事をしてきている専門家である。
(2)若い実習生が大勢いること。3年も4年も毎週来てくれる実習生もいる。古い方はわかっているように、私ども以上に子どもをわかっている場合もあるし、研究している場合もある。
(3)Mさん、Yさん＊が長い間ここで一緒に仕事をしてくださっている。
　　　　　　　(＊Mさん、Yさん共に愛育養護学校の卒業生である。)

3．この学校には足りない点もいろいろある
　　第一に環境である。よその養護学校にいけばすぐわかるように、施設が狭いこと、汚いことである。この新学期が始まる前に先生たちが大工をしたり、ペンキを塗ったりして各クラスの準備をしている。この床は新理事長のおかげで、夏に張り替えることになっている。今後施設の点は、もっと良くするように努力したい。

4．この子どもたちを育てていると、辛いことがたくさんある
　　毎日の労働、世間の無理解、将来への心配など。それは避けられないことである。互いに励ましあって、少しでも毎日を明るくしていきたい。

まえがき

　こうしてあの時から更に30年を経た。

　この学校は、幸いにも今も継続している。困難だけれども、特別に神様から目をかけられているこの子たちが、この世界の希望となって生きていく道があるに違いない。

平成25年4月8日

津守眞

目次

- まえがき　*iii*

第1章　保育学の現在　*1*

はじめに―児童学科での30年　本田和子氏　*2*
現在ということ　*7*
見えない内部の世界をつくる　*8*
内側と外側の認識　*11*
遊びにあらわれた精神課題　*13*
遊ぶ子どもへの憧憬―昭和26年　*18*
遊びのプロセスの解明と発達診断法―昭和36年　*21*
家庭での保育から　*23*
心の軌跡としての子どもの絵―昭和46年　*25*
観察者から実践者へ　*32*
保育の実践と思索―昭和56年　*32*
もっとよい道がどこの場所にも開ける　*40*
謝辞　本田和子氏　*41*

第2章　理解するということ　*43*

はじめに　*44*
一日の中で見ることと保育の積み重ねの中で見ること　*45*
子どもの世界が表出される遊び　*48*
新学期の悲観　*50*
手をつかむこと　*53*
親しむ心　*55*
自我の形成　*58*
第二次障碍の問題　*59*
Sくんと私の時間　*61*
反復する行為　*65*
育てるコミュニティ　*68*
終わりに―理解することと理解できないこと　*72*

第3章　精神科学としての教育学　75

精神科学という考え方　76
精神による理解　78
文化と社会の中での教育　79
理解過程の探求　82
内的なものの理解　84
感情的な理解と事実的な理解　86
基本的理解から高次の理解へ　87
理解の共同性　88
教育学における普遍妥当性　90
共同の意味への参与　91
まとめ——精神科学の方法論としての理解　93

第4章　保育的思考について　97

はじめに　98
実践における子どもの世界の理解　99
目に見えない思いに応答する　99
「捨てる」ことから考える　101
子どもの思いにゆっくりつきあう　103
子どもの世界の理解が立ち上がる　105
省察について——自由になるということ　107
子どもは大人の理解した分だけ発達する　109
思いは外なる行為により完結する　110
フロアとの応答　112

第5章　自我の発達　119

担任の生活　120
クラスの子どもたち　121
巻き込まれる状況を預かる　122
状況へのかかわり方と場の見え方　123
身体感覚で獲得する空間　125
子どもが住んでいる世界　126
赤ん坊の誕生と母親の変化　129
自我の発達　131

　　　　自我の発達と保育　*133*
　　　　毎日がいい日になるように　*135*
　　　　ヤヌシュ・コルチャックのこと　*137*
　　　　プラハで――コメニウス　*140*
　　　　ウィーンで――フロイト　*142*

第6章　平和教育について　*145*
　　　　はじめに　*146*
　　　　戦争を知っている者として　*147*
　　　　平和の基礎としての遊び　*148*
　　　　平和への感覚と認識　*150*
　　　　外部を敵として解釈しないこと　*151*
　　　　子どもを他者として理解する　*154*
　　　　おわりに　*156*
　　　　フロアとの応答　*156*

第7章　OMEP世界大会前夜　*165*
　　　　OMEP世界大会ひと月前　*166*
　　　　自分のおかれたところで　*166*
　　　　目に見えていることだけでは浅くなる　*168*
　　　　平和をクリエイトする文化　*170*
　　　　ソーシャルロールバロリゼーション　*172*
　　　　児童の世紀の終わりに　*174*
　　　　子どもの権利条約　*176*

第8章　子どもの中のストーリー　*179*
　　　　1歳前後の世界　*180*
　　　　言葉を話さない子どものもつ言葉　*184*
　　　　めんどうを背負い込む　*189*
　　　　手伝わない自分　*192*
　　　　瞬間研究という方法　*196*

資料　生活の中で乳幼児の成長を見る　*199*
　●　あとがき　*207*
　●　はるにれ　津守眞講演会　開催一覧　*213*

第1章

保育学の現在

　この講演は、1983年3月お茶の水女子大学を退官されるときの最終講義である。司会を務められた本田和子氏が「お引越しを記念する講義」として紹介して下さっている。会場はお茶大本館の3階のやや大きな古い教室、出席者は100名あまりだったように記憶している。房江先生とお子様たちも出席していらした。

　心理学者として出発し津守保育学に転回するまでの、お茶大での30年間の研究の経緯を振り返りながら、新たな実践の場への期待をのべられた。

はじめに―児童学科での30年　本田和子氏

　お待たせ申し上げました。ただいまから津守先生の特別講義をうかがうことにいたします。津守先生に関しましては改めてご紹介申し上げるまでもない、たいへんお親しい方々のお集りでございますけれども、本日の会のお世話をさせていただきます関係上、ご挨拶を兼ねて、簡単にご紹介申し上げます。津守先生は、皆様、たいへんお古い方からご存じでいらっしゃるはずでございまして、昭和25年からただいままで32年間、お茶大の児童学科でご指導下さった先生でいらっしゃいます。津守先生は、今年、57歳でいらっしゃいますから、先生のご生涯の半分以上を児童学科とともに歩んでいらしたということになろうかと思います。

　それだけ深い関係をおもち下さいました先生を、今年お送りすることになりました。先生のご退官は、ご定年ではございません。このことに関しましては後ほど先生のお口からもお話しいただけるかと思うのでございますけれども、先生が長らく手がけていらっしゃいました愛育養護学校の校長をどうしてもお引き受けにならなければならない事情が起こりまして、愛育養護学校の校長とお茶の水女子大学の児童学科の専任教授というのは当然兼任できる仕事のはずでございますし、また、研究とそれから現場とは、児童学科のような学問にとりましては、これは不可分のものでございますから、私どもも当然ご兼任いただけるものと思っておりましたし、先生もそのおつもりでただ今までいろいろとご努力下さいましたのですけれども、どうしても兼任不可能という行政の壁にぶつかりまして、たいへんあわただしいご退官の日を迎えることになったわけでございます。

　皆様、突然のお知らせで、びっくりなさった方がたくさんいらっしゃると思うんでございますが、大学のほうでもできるだけ、何とか打開の道を探りたいということで、ただ今まで先生のご辞任を延ばし延ばしに

していただいておりましたんです。先生のほうでは、昨年、もうご辞任の決意をお固めでいらしたんですけれども、正式に評議会で了承されましたのが、ついこの間で、2月の18日でございました。従いまして、3月の18日以降、皆様にご連絡申し上げたというたいへんあわただしい会になりました。それにもかかわらず、こんなに大勢お集まりいただけまして、たいへん感謝申し上げます。

　津守先生の32年間の児童学科の歩みを、たいへん僭越でございますけれども、私なりに簡単にご紹介させていただいて、よろしゅうございますか。

　私は、先生の32年間の歩みを三つに区切って考えることができるのではないかと思っております。第一期は、アメリカ留学を含むごく初期の数年間でございますね。あの時期先生は、オーソドックスな心理学のトレーニングを受けた若き学徒として、子どもに接近しようとしていらした。そして、生きて動くナマの子どもが、従来の心理学的な手法でうまくすくい取れるのかどうかという様々な模索をしていらした時期だったのではないかと思います。それと同時に物事をお考えになるときに必ず、始源に遡るという津守先生の独特のご傾向と、それから、物事の時間のスケールをたいへん長くとってお考えになるという傾向が、あの時期には、保育史へのご興味という形で出ていたのではないかと思います。

　ちょうどあの頃、日本保育学会で日本保育史の集大成のようなことをしていた時期でございますけれども、津守先生はその委員として明治期の問題などをお手がけでいらっしゃいました。それと同時に、アメリカの幼稚園史*をおまとめになったのも、あの初期のお仕事でございます。アメリカの幼稚園史に関しましては、その後、あれを越えるものがいまだ出てきていないということは、嬉しいことなのか、残念なことなのかちょっとわからないんでございますが、そういうお仕事が第一期のお仕

---

*　津守真・久保いと・本田和子著『幼稚園の歴史』恒星社厚生閣、1959年

事としてあるのではないかというふうに思っております。

　それから、次の時代に入りますと、象徴的なのが例の発達診断法[*1]でございますね。本日、ここにおいでになっているIさんなどとご一緒になさったお仕事でございます。あれは、先生が、生きて動くナマの子どもの姿を何とかして科学の言葉にのせたいという形でおまとめになったものの、一つのあらわれではないかと私は解釈しております。

　手法としては、観察法が徹底的に採用されたようでございますし、従来の発達診断検査などがもっております、子どもを分断して、例えば、何々について何々の能力の測定というような形を全く否定して、むしろ子どもが遊んでいる幼稚園とか家庭とかそういうナマの生活の現場で、大人やあるいはまわりの子どもや物とかかわりながら、子どもが、生きて動いているさながらの現象をとらえて、それを、一種の発達のスケールにのっけていった、そういうお仕事であったかと思うんでございますけれども、あれは、たいへん扱いやすい、そして、現実に即した診断法であるという形で、いまだに使われているようでございます。先生ご自身は、あのお仕事に対しては、かなりいろいろな疑問を今ではおもちでいらっしゃるかと思いますが、現実にはあれを越えるものがないという形で、現場で用いられているようでございますね。私は、これはたいへん僭越な言い方なんでございますけれども、私見でございますけれども、あのお仕事はあそこに現われたスケールが意味をもつのではなくて、むしろ、発達というものに対する根底的な一つの問い直しがあり、発達に関する新しいフィロソフィーがあの背後に隠されていた、そこに大きな意味があったのではないかと思っております。そういう意味で、先生ご自身は「あの仕事ははずかしい」とおっしゃいますけれども、あれは一つの日本のと申しますか、大げさに言えば世界のでございますか、保育、発達に関しての画期的なお仕事であったかと思います。

　そして、その次が、最近の10年間という形になろうかと思いますけれども、このあたりではっきりとした特色として、方法としての実践と

申しますか、保育実践というのがはっきりと研究方法としても先生の中に確立された。従来の観察研究とか調査研究とかそういうものを越えて、保育実践というのが、子どもを育てる実践であると同時にはっきりとした研究方法でもありうるという、そういう一つの理論が先生の中で生まれていらして、その理論を駆使しながら展開された歩みというのが、ここ最近の10年間だったのではないかと思うわけです。

　子どもの発達というのは結局は、大人と子どもとそれから周囲の環境とあるいは様々なものと、その相互関係の中で展開されていく生活現象さながらであるということ、そして、子どもの研究というのは、その生活現象を毎日毎日つくりだしながら、そのつくりだす営みをおいては、ありえない。こういうはっきりとした津守学が形を成してきたのが、今の10年間でいらしたのではないかというふうに思っております。そのあたりで、ユトレヒト大学のフェルメール教授とか、あるいはランゲフェルト教授[*2]との出会いがおありになりまして、現象学に対する接近がはっきりとしていらした時代であったかというふうに考えております。

　そして、始源に遡るという傾向をおもちだとさっき申し上げましたけれども、その傾向は、この第三期では、語源的な探求という形をお取りになる。ただこれは、ちょっとおやりになってちょっとおやめになっていらっしゃる。ただ今休憩中でいらっしゃるようで、私は残念に思って

[*1]　津守真・稲毛教子著『乳幼児発達診断法　0才〜3才まで』大日本図書　1961年

　　　津守真・磯部景子著『乳幼児発達診断法　3才〜7才まで』大日本図書　1965年

[*2]　Martinus Jan Langeveld（1905‐1989）　オランダの教育学者、教育人間学者。ユトレヒト大学の教授を長く勤める。『理論的教育学』（未來社、1971年）で現象学的な教育学を提唱している。

おりますが、日本語をていねいに語源に遡る。日本語に限りませんけれども、保育現象の中で機能する様々な言葉を取り上げて語源的に遡りながら、その言葉の機能する世界、あるいは言葉の意味する世界を子どもの生活の中に置き直していくというようなお仕事。これはちょっと他のどなたもなさっていない、たいへんユニークな意味のあるお仕事であるのではないかというふうに私は思いまして、これからはそういう方面でも、もっともっと先生のご研究が進むことを楽しみに待たせていただいております。

　たいへん雑駁なまとめ方というか、概括の仕方をいたしましたが、そんなふうに三つぐらいに分けることができるのではないか、そして、この第三期というのは、まだ幸いに結晶化されていない。『保育の体験と思索』というたいへん立派なご本をもちろんお出しにはなりましたけれども、私は生意気なことを申しまして、「あの次が必要ですね」というようなことを先生には絶えず申し上げております。

　これからたぶん、その「次」をなさるべく、愛育養護学校の方にお移りになるのではないかと思いまして、私は先生に最終講義をお願い申し上げなかった。で、先生はここで研究をおやめになるおつもりは毛頭なくていらっしゃると思いますし、私もそう思っておりますものですから、先生には今日はお引越しそばのつもりで、お引越しを記念して講義をしていただきたい。

　「保育学の現在」という題は私がつけました。津守先生はちょっとはずかしくていらっしゃるかもしれません。私好みの大げさな題でございます。ただし、私は、日本の保育学は津守先生をおいてないんじゃないかと、正直に言ってこれはお世辞ではなくて思っているところがございますものですから、津守先生が今のご自分をお語りになると、それが保育学の現在になるのではないかという考えもございまして、ああいう題をつけさせていただきました。そういう形で、今日は先生に保育学の現在を語って頂きます。現在をお語りになることはたぶん、先生の時間

第1章 保育学の現在

の経緯を、スケールを長くとるというご傾向から拝察いたしまして、たぶん、過去から未来に渡ってゆっくりとのどかにお話し下さるということにもなろうかと思っております。それでは、たいへん失礼なご紹介を申し上げましたが、よろしくお願い申し上げます。

🍃 現在ということ

今、本田先生からすっかり全部ご紹介をいただきました。「保育学の現在」という題をいただきまして、たいへんいい題をいただいたと心底思ってるんです。現在の保育学を、全体を見まわして現状を語るというようなことは、たぶん、私には期待されてないし、私にはできっこないと皆さん思われてるだろうと思うんですが、こういう題をいただいて、私はやはり、私の保育学の現在というようなことで考えてみたいと思っています。

現在というのはいったいどこまでを現在というんだろうか、この題をいただいて、私ははたと考えてしまいました。20年前にいろいろ考えたりしてたことは、これは現在ではないのだろうか。いや、そうじゃなくて、はるか昔、私がここの大学に来た頃の一生懸命考えてたようなことも、今やっぱり同じようなことを考えている。とすれば、20年前でもこれは現在の中に含まれるんじゃないか。しかしまた、今考えていることを、私はできるだけしゃべりたいと思ってる。その、今考えてることっていうのは、これはどうも、私は今自分の生活の中で、からだで一生懸命、力いっぱいやってるその手ごたえ、今これやってるんだというこういう手ごたえを他にして今っていうのはないだろう。すると、現在っていうのは過去とか現在とか未来とかこう並列していうようなものじゃなくって、どうも真ん中にあるものは、今の体の手ごたえ、今やろうとしてること、今力を入れようとしてる、その自分が向かってるところのものであるならば、これはもう、昔から考えてたこともその中に

入ってきてしまうし、これからやろうとしてることもその中に入ってきている。

　それから、このくらい私も長く同じことやってると、そのプロセスの中でいろいろ考えてきた認識というのがありまして、自分が最初は何か、こう、茫漠として、ただかすかに、彼方に見える光だけだったのが、だんだんもう少し認識ができてくる。と、その認識に従って、また今、こういう仕事をやってみたらどうか、こっちやってみたらどうかと、そういうことを右に仕事をし、あるいは左に仕事をし、こうやって多少はずれながら、しかしまた、次第に輪郭を成していくようなことを今やりつつあるような気もする。

　そうするとこれは、からだの手ごたえというだけじゃなくて、やはり私ども、私自身がこれらの自分の分野としている様々な問題をどう認識するかという、その問題を抜きにして、やはりこれは考えられないだろう。その現在を今、こんなに大勢の方にお話をするなどということを考えたときには、私はどこから手をつけてよいのか、実はたいへん困ってしまいました。これを言語化するということは、これはまたむずかしいことで、今の私にはどうも手に余るようであります。

　もうあと10年か15年たったら、もう少しましな話ができるのじゃないかなと思っていますが、今、もうここに立たされてしまいましたので、これはもう、やれるところまでやるよりいたし方ありません。

🍃 見えない内部の世界をつくる

　例によりまして、私はまた最初に、私が今考えようとしてることの少し具体的な現象からお話をしてみたいと思っています。2年ほど前に、私、『保育の体験と思索』という題の本を大日本図書から出しましたので、今日はもうこれを読んでいて下さる方があるわけでありますけれども、その中から二つほど実例を引くところから、始めてみたいと思います。

第 *1* 章　保育学の現在

　その一つは、この本の第15章の中にある「砂の中に石をかくす」という表題をつけたのであります。時間を節約するためにちょっと読ませていただきます。ところどころ抜き読みさせていただきます。
　「夏休みのあと、新学期の最初の日に、4歳の男児Dと、園庭でばったり出会った。Dは私を見ると、足元の小石を拾って私に向かって投げた。私がDの方を向くと、もう一つ小石を拾って投げる。」
　これは、ここの附属の幼稚園での話です。
　「Dが私に向かって小石を投げたのは、久しぶりで、私と何かして遊ぼうという関心のあらわれだったと思う。私は、そう思って相手をしているうちに、うっかりと、後ろ側にガラス戸のある所に位置してしまった。Dは何度も小石を投げるので、私は、『石をぶつけるとガラスが割れるから投げないで』と言った。私は滅多にこういう言い方をしないのであるが、周囲のことを慮ってこう言ったのである。すると、Dは、『割れないもん』と言って、私に石を見せた。ここで明らかなことは、Dはガラスが割れるということは考えてもいなかったことらしく、私が、『ガラスが割れる』と言った時、不思議そうな顔をして、手のひらを開いて、石が割れないことを見せたのである。私は、『石じゃなくて、ガラスが割れるかもしれないから』と言うと、一瞬、手のひらの上の石をじっと見ていたが、急に砂場に駆けて行き、砂場の隅の砂の中に石を埋めた。『この中に何があるのか』と私に言う。『石だろう』と言うと、それを掘り出して、『ほら、あった』と見せる。そのあと、しばらく私の背中によじ登ったり、もたれたりしていたが、また砂場に行き、シャベルを砂に埋めて、『この中に何があるか』と言う。次々に、いろんな物を埋め、私に同様に尋ねて答えさせていたが、最後に、ままごとの容器を砂に埋め、その上に砂を盛って、木の枯れ葉を立てて、『火山だ！』と言った。それでこの一連の活動を終わって自分の遊びにはいった。」
　私は、附属の幼稚園でずいぶんいろいろ遊ばせていただきまして、また、たくさんのことを学ばせていただきました。これはその中の一コマ

です。
　ずっと昔から、砂の中に石ころを埋めるというようなことは何度も何度も見てきました。だけど、それはいったい何なんだろうということを、こんなに長い間見てきながら、私は本気になってそれを取り上げるチャンスというものが、自分の心の中に長い間準備されていなかったような気がいたします。
　今ここで、砂を投げるとか、あるいは砂に埋めるとかいう言葉を使いましたけれども、はたしてそういう言葉で表現してしまっていいのかどうか、そのことにまず疑問が生じます。もう少し、ちょっとここで、この先に私が考えたことをもう少し引かせていただきたいと思います。
　「ここで、自分の手に持っていた物を砂に埋めたこと、そしてそれが何か叱られた場面だったということ。叱られてうしろめたいような気持ちになると、そういう自分を見えない所に隠すということは、子どものみならず、大人にも共通のことだろう。他人の目に見えないように覆いかけてその下に入れる、つまり、見えない内部の世界をつくる、人の心の内部の秘密の部分といってもいい。もっと年齢が進むと、子どもは、外に見せる自分と人に見せない自分の秘密の世界とを区別するようになる。4歳という幼い年齢で、そんなにその区別は徹底していないけれども、物を砂に埋めるという、こういう具体的な形をとるということは、こうして自分の人から見えない内部の世界と、それから外の世界というものを子ども自身が、ある種の認識をし始めた。そういうことではないだろうか。」
　内部の形成ということ、また、この子どもがここでその姿を見せてくれたということ、砂の下に、私が「あっ、石投げちゃだめじゃないか」というような口調で言ったものだから、子どもはそれまでもう極めてフランクに何にも悪いことしてないつもりで、私に親しみの意を込めて、私と遊ぼうと思って石を投げたのに、それを「あっ」と言って、私が「いけない」というような素振りをしたために、子どもは「しまった」と思っ

て、「しまった」と思った自分を砂の中に埋めた。

　それを、何度も何度もいろんな物を砂の中に埋めていく途中で、さっき読んだ記録の中で、もしかしたら耳に止まった方があるかもしれませんけれど、その途中でその子は私の背中によじ上り、私の膝の上にのっかり、そして砂の中に何かを埋めては「何があるか」って私に尋ねて応答した。その途中で私は何とか子どもとの間を回復したいと思いつつ、そこで一緒に相手になった。そのことが今度は次の子どもの行為を生みだした。その次の行為というのは、今の、その子どもの内部にある世界をあからさまに見せてくれようとする行為だった。物を砂の中に埋めるという行為であります。

　ちょっとくどいようですけれども、その私との応答があってそこで、その子はその行為を見せてくれたのだと私は思ったわけであります。同じようなことをいくつもいくつも私は経験するんですが、物を砂の中に埋めるということは、4歳のこの附属の子どもが、こんなチャンスに見せてくれた姿であります。

🍃 内側と外側の認識

　もっと以前に、子どもの中には「内側と外側」ということを認識しているらしい行動がいくつかあります。赤ちゃんのとき、皆さんも私の講義を昔に聞いた方はご記憶だろうと思いますけど、「乳幼児精神発達検査」の5か月のところに、「顔に布をかけるとそれを手で取り除く」というのがあります。これは発達検査では、それができるかどうかというそういうことで見分けるひとつのしるしです。だけど今のことと照らし合わせてみると、何か関連があるんじゃないだろうかと思われます。

　5か月の赤ちゃんに布をかぶせる。赤ちゃんの目の前からいえば、世界が見えなくなる。布を取り除けば外が見える。また布をかけると見えなくなる。こういうところから「いないいないばあ」というような遊び

もでてくる。自分の目で見える世界と見えなくなる世界と、内側の世界と外に開いた世界というのをこんな時期から赤ちゃんはもうすでに体験している。そのことを赤ん坊は言葉では言いませんけれども、体験しているじゃあないか。

　もう少し大きくなって、似たようなことをいくつも私どもは見つけることができます。

　「朝食の食卓の上で、Ｙがりんごの上にレタスをかぶせて、『りんごがもういいかいしてる』と言った。朝食のあと、子どもたちが遊び始めた。」

　朝食の時にりんごの上にレタスかぶせて「もういいかいしてる」。これは今の、ちょうど４歳の子どもが砂の中に石を埋めるのとたいへん似た行動です。そのあと遊び始めた。その遊び、ちょっと読んでみます。

　「Ｙは人形にふとんをかぶせながら、『赤ちゃん眠いってよ』と言っている。Ａは食卓の脇に座り、人形を箱のふたに入れてしゃべっている。『もっと広くしなくちゃあ』『いいおうちがこっちにあるよ』『私がつくってあげたいいおうちがあるよ』Ｐは小さな箱に積木を詰めて、『これお弁当箱』と言っている。」

　そう言って子どもたちは机の下に入りこんだり外に出たりして遊んでいる。

　これもごく当たり前の２、３歳の子どもの遊びです。けど、よく注目してみると、この朝、レタスの遊びをしていた。それに引き続いての遊び。お人形にふとんをかぶせながら「赤ちゃんが眠いって言ってる」。お人形の頭の上からふとんをかぶせてしまったりして、お人形にとっては外が見えなくなる。子どもからも人形をふとんの下に入れてしまう。そしてまた外に出してやる。机の下にもぐりこんで遊んではまた外に出てくる。「お弁当箱」だと言ってる。お弁当箱というのは、あけてみると楽しみなものがいっぱい入っている。こういうことは、赤ちゃんのときから、２歳、３歳、４歳と、こうやって子どもの中にだんだん明瞭な内と外の認識になってつくり上げられていることじゃあないか。

第*1*章　保育学の現在

　私の『乳幼児精神発達診断法』という書物のことを、先ほど本田先生からお話しいただきましたけれども、あれの1歳9か月のところに「いろいろな物を紙、布などに包んで遊ぶ」という項目があります。ずいぶんたくさんの子どもに見られる項目だもんですから、私はあの診断法の中に入れたんです。
　私はあの診断法について、今になってみると残念だったなあと思うことがいくつかあるんですけれども。それは、いろんな子どもに共通のものを拾い出したんで、むしろ一人の子どもにしか出てこないものをもっと拾い出しておけたら、どんなにかおもしろかったろうと思っている。だけど、今の「いろいろな物を紙、布などに包んで遊ぶ」っていうようなのは、ほとんどの子どもに、1歳9か月で70パーセントぐらいです。それから2歳で95パーセントの子どもに見られることであります。
　今、遊んでいた子どもの例をもうちょっと拾ってみますと、
　「Yは人形の上にハンカチをかけて、またあとでハンカチをかけて『赤ちゃんねんねしちゃった』と言いにくる。ハンカチにブロックを包み、落ちないように何度も包み直しながら、私のところに持ってくる。猫の絵のついたおさじをハンカチで包み『病気なの』と言って遊ぶ。」
　こんなことはいうまでもなく、たくさんの子どもに出てくること。そうすると今の、布をかけているということは単に発達のしるしというだけじゃなくて、そのことの中に何かもっと考える材料がいっぱいありそうだということであります。

🍃 遊びにあらわれた精神課題

　最初に具体的な話をいくつか挙げてみたいと申しましたので、ちょっと話題を変えまして、もう一つこの本（『保育の体験と思索』）の中から申し上げてみたいと思います。これの21章の中のことであります。最初にちょっとこの原書を読んでみます。

「Gという子ども。これは、愛育研究所の養護学校の子どもです。Gは、蛇腹のトンネルを引きずってきて、その中に入り、反対側から出てくる。私が反対側の出口からのぞきこむと、ニッコリ笑う。何度も蛇腹トンネルの中をぬけることをくり返す。Gはそれから、モザイク（積木）を両手にかかえて、蛇腹トンネルの中に持ちこみ、その中から、1個ずつ外に向かって投げる。全部投げ終わると、また両手に持てるだけ持って、蛇腹トンネルの中に持ちこみ、外に投げる。そのうちに、手に数個を握って投げる。蛇腹の中のモザイクを全部投げ終わると、また、持てるだけ中に持ちこんで、外に投げた。何度も、何度も繰り返した。そのうちに、自分からやめて、庭に出て行った。」
　この時の私の考察をちょっと、もう少し読ませていただきます。
　「Gは、モザイクを両手に持って、蛇腹の中に入り、1個ずつ外に投げることを反復した。Gはこの動作を真剣にやっていた。それはだれかに向かって投げるのではなく、蛇腹の中から外に向かって投げることが、特別な精神的意味をもっているように思えてくる。この子にとっては、手から放すということは、とてもたいへんな課題のようである。」
　私が蛇腹の向こう側から、笑い合いながら応答しているうちに、この子どもは蛇腹の中から積木をいっぱい持ちこんで、そしてそれを外に向かって投げた。これは、手から放すということだと私は思った。それを思えたということには、ま、このときだけつき合っても思えただろうかとは思うんですけれども、これは、保育の積み重ねの歴史というものが、かなり重要だと私は思うんですが……。
　この子が最初に来た頃に、この子は砂場の中から、砂を砂場の外に向かって投げた。それからこんどは、何か物を塀の柵のところから柵の外に向って投げた。それから、バケツに水をくんできて、そのバケツの水をあちこちにこぼしながら歩いて、それをじっと見ながら、こうずっとこぼして歩いていった。ま、こういうふうな、一見何かわからない行動なんですけれども、それと付き合いながら、いろいろこう考えるチャン

第1章　保育学の現在

スが与えられるわけです。
　これはいったい、物を投げてるんだろうかということへの、まず懐疑を起こします。「物を投げる」と、こう言葉で言ってしまうと、それはもうすでにまちがいの第一歩かもしれない。投げてるっていうんじゃなくて、手から放してるだけじゃないか、ということが、これらのことを見ながら、何か月かの間に私にしだいにはっきりしてきたことだった。今、話を簡単にするために、もう少しこれを読んで説明させていただこうと思います。
　「Gは自分で蛇腹を引きずってきて、その中にもぐりこみ、自分で身をくねらせて出てきたときに、大声で笑った。これは直腸の中から、自分が大便になって出てきたかのようである。蛇腹の中から、モザイクを外に向かって手放すことを反復するとき、いかにしたら、手の中にある物を、外に向かって手放すことができるかを試みているかのようである。この子にとっては、大便であれ、手の中にある物であれ、一度自分のものとしたものを、手放すことがたいへんむつかしく、そのような精神的課題と取り組んで格闘していたのではないかと思う。」
　便秘というような生理的なできごとを、精神的課題と結びつけて考えるのは、こじつけではないかという心配もします。しかし、身体のことと、社会のことと、精神のことと、身体面、社会面、精神面とこれを分けるのは、私どもおとなのする仕業であって、子どもにとっては、これは一つのものと考えた方が考えやすいのではないか。
　この子は現に便秘で非常に困っていて、その便秘のことをお父さんもお母さんもたいへん心配し、それから本人もそれが苦になって、そしてお医者さんにも相談しながら、私もずいぶん長い間そういうことを同時に相談を受けていたわけですが、こうした遊びをやりながら、この子どももはしだいに、そしてある時、もう便秘はしなくなってしまう。つまり、身体の面でもこう、手放すということを、それを何度も何度も試みて、そして、どうやったらためこんでおかないで手から放すことができるか

という、そのコツを会得するのに時間をかけ、そしてまた、私どもの手助けを、それを支えにしてそういうことをやっているんじゃないかと。
　こういう、一見こじつけみたいな考えをもう少し整理して、その思考方法というものを私がもっと考える課題があるんだと思っています。現に、保育の現場においては、こういうふうな具合にして、子どもと格闘しながら、しかもその間に子どもがしだいに変化してゆき、そうして、いつのまにかそのところを通りぬけて、次のステップに入ってるというようなことを実際にこの目で見て、そして、それはほんとのことで、そうやって、私どもは手触りをもって、それを確認していくことができるわけです。
　ただ、それを考えるのに、どうもその考える仕方というものが、なかなかその、はっきりとした筋道ができてこない。こんなことを私はずいぶん長い間いろんな子どもにぶつかりながら、表現の仕方がわからないままに過ごしてきている。
　先ほど、私の保育学の現在などということを申しましたが、私は未だにそういう中をさまよい歩いているんです。あとでこれはもう少しお話することになると思うんですけれども、保育の中でこうやっていろいろ考えちゃうんですね。この子がこんな不思議な行動をするのはいったい何でだろう。ちょっと常識からかけ離れている。蛇腹の中にもぐりこんで、そうして積み木を放り投げる。そしてそれがほんとうに心からおもしろいらしくて、私とケラケラ笑う。それも作り事じゃなくて、ほんとうにおもしろいらしい。そういうほんとうの生活をまずつくらなくちゃならない。それを出すようにしなくちゃいかんと。それをつくるのに、いろいろ考えてしまうんですが、その考えてしまうっていうことは、それを仮説にして、仮に考えたこのことをですね、仮説にして、それに基づいて次のステップをやるという考え方もできる。けれども、それはうっかりすると、その仮説が非常に考えが足りない仮説であったり、それから少し功を急ぎ過ぎたっていうか、研究者っていうのはどうしても

自分の功を急ぎますから、何かこう少し目新しいことができると、非常にいいような気がしてしまうんです。だけどそこがどうも、保育っていう問題を考えると非常に危ない落とし穴があるような気がする。

　もっと子どもがほんとに心からおもしろいらしい、心から楽しいらしい、それから、ほんとに子どもなりに真剣な生活をそこに出すっていうそこが大事であって、それを出すようにすると、子どもは自分の中にあるところの、自分の内面の世界といいますか、小さい子どもなりにもっている自分の課題っていうのを、そこにあらわして出してくれる。私はそこのところが、非常に重要だと思うんですね。それを出してくれるっていうのはつまり、自然の生態の中で子どもを見ることができるっていうことじゃないか。実験場面をつくるということは、それはそれなりに別個の意味があるわけですけれども、保育においては、そういう子どもらしさがありのままにあらわれるような自然生態をつくり上げて、そこの中で、子ども自身がもち出してきたものを、それを取り上げて研究の課題とする。

　私はよく、白紙になってみるとか、枠をはずすとか、無心になってみるとか、そういうことを学生さんによく言ってきたと思いますが、それが、保育をつくる上にもそれからそこの中でつくられたものを考える上にも、やはり一番の出発点になるのじゃあないかということを考えざるをえない。

　今、二つばかり具体的な例を出しまして、たいへんどうも考察は不十分でありますが、この『保育の体験と思索』の中で私が考えたことを、それもその中のほんのある部分をここにもち出したわけであります。

　第一の例は附属の幼稚園でありました。附属の幼稚園で私が非常に大きなことだと思っていることは、子どもの生活そのものを、子どもの心の中から課題にしてることを、そのまま出せるような保育をしてるということ。

　それから附属の幼稚園はほんとうに見ていて飽きない、中に入って飽

きないという、そういう要素がありまして、どうかこれがいつまでも続くといいと思っています。それから第二の例は今の愛育研究所の養護学校の例でありまして、知恵遅れの子どもっていうのが、それだけ普通の子どもとはまた更にいっそう原初的な姿をそこに出してくれるという意味で、まだまだ考えられていない事柄がたくさんある。私はこれから少し、今のようなこういう子どもにもっともっと触れるチャンスがあると思うから、そういう点では、私は非常に楽しみにしているわけであります。

　保育学の現在ということをもう少しお話しするのが、今日与えられた私に対する課題だろうと思います。けれどもその話に入る前に、最初に申しましたように、ずっと過去から持ち続けてきた課題、並びにそれに対する私の認識の変化というものを、ちょっといくつかの時期に分けて、少しばかりお話しをさせていただこうと思います。この中には30年前に私の講義を聞いて下さった方もあるかと思う。20年前に聞いて下さった方もあるかと思う。10年前に聞いて下さった方もあるかと思う。私がこの大学に正式に専任になって来たのが昭和26年だったのでありますから、仮にそれを基点にしまして、昭和26年、昭和36年、昭和46年、昭和56年と、少しばかりそんなことを整理してみたいと思いますので、それぞれの時期の方が、「ああ、あのときのこと」なんて思って下されば幸いであります。

遊ぶ子どもへの憧憬―昭和26年

　昭和26年に私の課題は何であったかというと、私はそのとき、遊ぶ子どもへの憧憬というものが非常に強くあったように思います。心理学者として出発したんですけれども、子どものことをやろうと思っていました。遊ぶ子どもに対して非常に魅力を感じたというのは、いったいこれは私だけのことだろうか。今度ちょっと考えてみたんですが、これは

第 1 章　保育学の現在

どうもたぶん、私だけのことじゃなくて、よく遊んでいる子どもには誰しもがひきつけられるものがあるんだろうなあと思います。それは、もっと人間に共通の何か……、ちょっと今すぐやっぱりまだ言えませんね。遊ぶ子どもへの憧憬ということについて、私はその他いくつか昭和 26 年の当時に思っていた場面があります。一つは、普通の子どもと、それからもう一つは知恵遅れの幼児との出会いであります。

昭和 24 年に、私は愛育研究所でテストをしていたときに、知恵遅れの幼児を連れてきたお母さんがあって、私が「この子は知恵が遅れています」と言ったところが、お母さんが「知恵が遅れていると言うだけで、診断だけして、そして、『どうすればいいんですか。どこの幼稚園に入れたらいいんですか』と尋ねても、そんな子どもの、そういう子どもの幼稚園ありませんよと答えるだけじゃ、無責任じゃないですか」とこう言って、もう長い時間食い下がられた。それで私は当時、牛島先生と話をしまして、研究室を開放していただいて、そこで 2 人の子どもの、じきに 3 人になりましたが、知恵遅れの幼児を、保育を自分で手がけたのが最初であった。

でも、そのときに思ったことはやはり、どんな子どもでも力いっぱい遊ぶ姿は美しい。知恵遅れの子どもは、非常に単純なことしかやらないんだけれども、それなりに遊び始めたときの姿は美しいし、非常におもしろい。それはやはり、一つの魅力でありました。でも、これを心理学者としてどう扱うかなんていうことは皆目、見当がつかなかった。ただ実際をやっていたというだけであります。

励ましてくれたのは、むしろ保育史だった。フレーベル、それからもう少し私にとっては後になりますが、アメリカの幼稚園を普及させた人たち、こういう人たちはやはり同じように小さい子どもに対する魅力にとりつかれて、そして仕事をやった人たちです。その理論の内容はというと、私は必ずしもすぐにそれを理解できたともいえないし、また、「ああそうだ」とすぐに納得したわけでもなかったけれども、しかし同じよ

うに、小さい子どもにひきつけられて仕事をした人だということはよくわかった。ここの附属の幼稚園の大先輩である倉橋先生でもそうだと僕は思うんですね。

　私は、その知恵遅れの幼児の仕事を始めてしばらくして、倉橋先生と知り合ったんですけれど、そのときにちょうど私は、小さなその子たちの保育室を建てることを思いつきまして、それで、それを建てたときに倉橋先生からいちばん最初に寄付をいただいて、いちばん最初に寄付して下さったのが倉橋先生だった。何にも言わないのにお金を当時で５円出して、「これで戸棚でも買いたまえ」って言われた。それで戸棚を買ったのが、私が寄付をもらった最初だったような記憶があります。

　そんなことを経て、その後、私はお茶大に昭和26年に専任として、25年の10月から非常勤で来たのですから、まんざら、またそこにもどるということは逆さまなことでもない、かなり当たり前のことでもあると思うんですね。この保育史、教育史というのは、またそのうちにもう一度それぞれの時代において、この人たちがそれをおもしろいと思ってひきつけられたそのもとはなんだったかということを、もう一度自分の目で勉強してみたいなあという望みをもっていますが、はたしてかなえられるかどうか。遊ぶ子どもに対する魅力というのを、私はあそこで、その頃から今に至るまで引き続いてもっていますし、それをもう少し何とか研究的に、学問的に何とかできないかということが、今に至るまで引き続いての課題であります。

　昭和26年に私はもう一つ、科学的な児童心理学に対する魅力というものを非常に感じております。児童心理学がまだ日本でも始まって間もない頃であって、そこで客観的なデータを得て、それを組み合わせる、そこの中から得られた結論を組み立てていけば、そこにひとつの子どもの世界を再現するような、そういう研究の構築ができるんじゃないかという、そういうまぼろしをもった。それが次の時代、時期になって考え直さねばならないことになるわけですが、そこで次の時期に移ります。

遊びのプロセスの解明と発達診断法—昭和36年

　昭和36年、その科学的児童研究に児童心理学の研究方法を手がかりにして、遊ぶ子どもの遊ぶプロセス、遊びが成立するプロセスをもう少し解明するという努力をした時期であります。附属幼稚園の観察がその主たる材料であった。最初は何をし始めるのかわからないで見てるうちに、その遊びがしだいに変化していって、そうして何かそのうちにもう、見始めた時には予想もしていなかったようなおもしろい遊びがずっとこうできてくる。これは観察していて、私どもが見ることのできるおもしろさであります。

　幼稚園を見に行っても全然おもしろくない幼稚園もある。こう言っちゃ悪いんですけれども、ここの附属の幼稚園はすごくおもしろかった。これを、おもしろいんだから、朝来てから帰るまでを克明に記録をとって、しかも自分の目だけじゃなくて、何人も学生さんやら何やら手伝いを頼んで、できるだけ細かく記録をとるならば、そのプロセスは出てくるに違いないという信念をもってやったんです。その頃やって下さった学生さんはずいぶんご苦労なことだったと思う。ずいぶんいろいろやり、なかなかうまくいかなかった。

　それからもう一つ。それと同時の仕事が乳児から幼児への発達研究、あの発達診断の仕事であります。これも客観的な観察による資料を基礎にするという点では、附属の幼稚園の観察の研究と共通の研究であったと思います。それを年齢を軸にして、全部であれ何項目でしたでしょう、数百項目の項目に分けて並べたということは、あのときには私は何か非常に大きな仕事をしたような気がしていたわけです。

　だけどどうも、ああやって眺めてみても何がわかったんだろうという疑問にとりつかれるわけです。で、先ほど言ったように、1歳9か月では、何か物の上に紙や布をかけて遊ぶ、包んだりかけたりして遊ぶことは普通に見られる。あれはいったい何だろうかというと、これは、何歳

になってこういうことができるということはたいして重要なことじゃなくて、子どもは何でああいう遊びをするのか。また、ああいう遊びをやってる子どもの世界というのは何なのか、そこがもう少しわからなかったら、何百項目取り出してもどうも満足ができない。

　それであの研究、私はどうも満足できない。だけど、ただ両方とも、附属の研究も診断法もどちらも共通のことは、日常性を扱っているということであります。特別にテスト場面をつくるのではなくて、子どもが生活し、生きて、毎日の生きがいをもって生きているその生活そのものの中から取り出してくる、その生活そのものを見るというその点は、共通のものでありまして、これについては、私はこの30年の間少しも変わってないと思っている点であります。

　それから同時にそれらの資料を集めながら、いったいこれを外国の理論家はこの問題をどう扱っているかっていうことを、もしもそういう理論家があったらそれの手を借りて解明したいと思ったんです。しかし、A・L・ボールドウィン[*1]のあの比較的似たような研究、あるいはピアジェ[*2]の比較的似たような研究、あるいはロジャー・バーカー[*3]の似たような研究、こういう研究をみても、その資料そのものは、私がとっていた資料とは違う。日常生活という点では彼らも同じかもしれないけれども、日常生活であれば何でもいいというものじゃなくて、そこの中に子どもが生きがいをもって、ほんとうに楽しくてしょうがない、あるいは非常に苦しくてしょうがない、そういうナマの生活そのものがそこの中に入っているような、そういうものを拾い出して考えるということ、それがないとどうも理論倒れになってしまうような気がする。

　それは私の今に至るまでの非常な疑問であったんです。どうもこれは私がまだ勉強が足りないせいであるかもしれない。そしてまた、いろいろな人がそれぞれ、いろんな試みをするんですから、それはその人なりの試みで、それでよろしいわけで、ピアジェの研究は、僕はあれは非常に素晴らしいもので、非常に魅力的と思う。だけど、これは今まで申し

てきたような私の資料についていえば、あれは当てはまらない。こんなことを模索しながら過ごしていたのが昭和36年の当時なんです。

　私、何をしゃべってたのか、あの頃の学生さんにはわけわかんなかったんじゃないかと思うんです。何か、自分でもわからないで、これもどうも不満足であれも不満足だと言って、あちこちつついてはこう言ってたんですから。私にもわからなかった。

🍃 家庭での保育から

　同時にですね、昭和36年、子どもに対する魅力、保育の実践の方について言いますと、私は、自分の家で保育をするチャンスに恵まれたわけです。ということは、次々に赤ん坊が生まれたっていうことなんで、これはもう附属の幼稚園や何かみたいに昼間だけのことじゃありませんから、もう夜半でもそれから食事のときでも、朝早くでも何でもおかまいなしに必要に迫られるわけで、附属の子どもを扱ったり、愛育会の子どもを扱ってるときは、たとえば夜泣きについて尋ねられても、いったい夜泣きっていうのはどういう状態でどういうふうになるのかなんてことは知らなかった。実際にあたってみると、夜泣きというのは、夜泣きっていうけど、ああこういうものか、これは「夜泣き」なんて名付けるのはどうもこれも適切な言葉じゃないんじゃないかと、いろんなこと考え

＊1　Alfred Lee Baldwin（1914-）　アメリカの発達心理学者。面接法を用いた親の養育態度と子どもの行動についての研究した。著『親の行動パターン』など。

＊2　Jean Piaget（1896-1980）　スイスの心理学者。新生児期から青年前期までの知性の発達過程についての発生的認識論と、それを証拠立てるデータを示したことで知られる。20世紀後半の発達心理学・教育研究の発展に貢献。

＊3　Roger Garlock Barker（1903-1990）　アメリカの環境心理学者。環境と個人の行動の相互作用の研究を長期間のフィールド調査によって行った。著『ある少年の一日』『中西部とその子どもたち』など。

ながら、そういうのにつき合えるわけであります。

　それで、次々にそうやって乳児、幼児を自分の家でほんとうに体験を得たこと、そしてまたその際に、附属で見ていたことを、それをそこでやってみようと思ったわけです。そこで附属で教わったことをやったわけです。一生懸命粘土こねたり紙をチョキチョキ切ったり、箱をもってきて何かやったりです。そういうのはもう附属で教わった通りに、僕はいろいろに試みることができた。それを実際にこうやってみると、非常に自分は拙いことしかできないに決まってるんだけれども、だけれどもその結果、そこではもう子どもがほんとうにクルクルと遊ぶということを、実際に目の前で見ることができる。

　それが実にびっくりするようなことであって、自分はたいしたことをやらないでいながら、子どもの方はほんとうに、附属で見ているときと同じように、いやもっとそれ以上に、ほんとにクルクル遊ぶ姿を見せてくれる。それを附属で記録をとったと同じように、自分でもできるだけ記録をとって、何か残してみるんだけれども、そしてそれをまた、バーカーのやったように、あるいはピアジェのやったように、あるいはボールドウィンがやったように、それを分析したり、あっちから見たりこっちから見たりやってみるんだけれども、どうもそれじゃうまくいかない。しかし、実践のほうだけはどんどん、そんなことはお構いなしに次の日がきますから、どんどんどんどん、記録はたまってしまう。そうやって過ごしたんですね。

　これはもちろん、附属の先生から教わったのだけれども、自分の家でやる時はまたそれとは違うんですね。こんどは自分でやりながら、また、私の妻のやってることを見て一生懸命勉強しながら、それをまたやってみたりなんかするわけですから。

　どうもこれは、それぞれ人によってやり方が違う。人によってやり方が違うけれども、子どもが結果とすればよく遊ぶようになる。これはもう同じで、保育というのは決してこういうモデルが一つあって、そのモ

デル通りにやればいいというのではなくて、これはもう、生活の中でそれぞれの人が、大人であるその人自身をそこに打ちこんで、そうしてそこで取り組んでつくり上げるのが保育ではないか、そういうことを、実際にやりながら非常に思ったんです。もしここで、何とか方式というようなのを、誰かがつくったのをここに適用しようと思ったら、それはとっても保育なんてできやしない。またおもしろくもない。保育というのは実に、我々自身が生きていくその生活の中で、それぞれがつくり上げるその生活そのものじゃないか、そんなことを考えながら、依然として、遊ぶ子どもの魅力をどのように研究のレベルにのせるかということを、半分分裂しながら、何とかしなきゃと思っていた。それが昭和36年、その前後10年ぐらいのことであります。

心の軌跡としての子どもの絵─昭和46年

　昭和46年、附属の細かい研究も行くところまで行かせてみようと思ったわけです。ちょうど出てきたビデオを使って詳細な記録をとった。今度はビデオを使いながら、そのビデオに頼らないで、ナマの記録をとることをやってみた。それから、ビデオを見ながら、それを手掛かりにしてビデオから記録を起こすことをやってみた。そしてそれをいろいろ分析したり、つき合わせたり、あれをまたつき合って下さった学生さん方は、たいへんにもうご苦労様だったと今思うんですが、わずか15分位の記録を整理するのに何週間もかかった。

　そうやってやってみて、どうもあんまりたいしたことがわからない。どうも何かおかしい。そんなことを思ってる間に、私はもう一つ、子どもの研究をやる者にとっては資料を捨てないということが重要な資格であるということを、私は昔アメリカで留学していた時に私の指導教官であったハリス先生から言われた。

　ハリス先生から言われたことが三つあったんです。一つは、児童研究

者は資料を捨てないこと。第二は歴史に興味をもつこと。第三は動物に興味をもつこと。どうも第三番目は僕は今までのところダメです。これからもう少しもてるんじゃないかという予感をしてますけど。第一と第二はかなりやってきたもんですから、私は自分の家で保育をやってるときに、子どもが描きちらしたものを毎日机の下にもぐりこんではその日のうちにそれを集めて、日付と名前をつけて、取っておいたんです。それでそれを並べてみて、あるとき、昭和43、4年頃、非常にびっくりしたわけであります。ちょっとそのサンプルを私、近頃の学生さんには見せて話したことが何回かありますけれども、昔の学生さんには見せたことがない。それで今、代表的なのを3枚出したんですが、約2か月の期間の間に起こった描画の変化であります。

　これはもう全部で何千枚ってあるんですけれども、それを日付順にずっと並べてみると、そこにはっきりとある種の傾向を見ることができたんですね。それで今のが一つのサンプルです。詳しい説明は省きます。たいがいの方は、私の本で見ていて下さるでしょうから。「もつれた糸玉」というのがこれです。これは2歳9か月の子ども。どうしていいかわからない、精神的にも、そういう時には描く絵ももつれた糸玉のようになる。それがしだいにほどけてきます。それには保育が参与してることはいうまでもありません。

　そして、2歳11か月のとき、こういう中心をもった渦巻、非常に整とんされた絵に変わってくるんです。これは従来の言い方でいえばめちゃくちゃ描きに属するものであります。錯画といわれる、スクリブリングといわれるもの。しかしこれは

もつれた糸玉
津守真『子どもの世界をどうみるか』
日本放送出版協会、1987、p.26

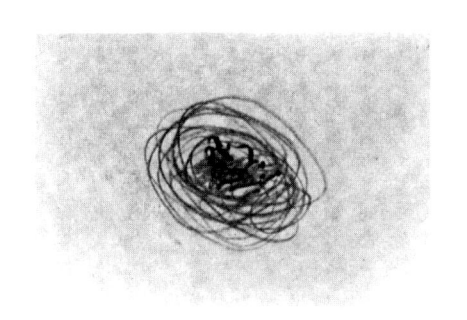

中心をもった渦巻
津守真『子どもの世界をどうみるか』日本放送
出版協会、1987、p.27

決してめちゃくちゃに子ども
が描いたんじゃない。線
の動きと色でもって、特に
線の動きによって、子ども
はそのときに自分の身体の
中で感じていた感覚を表現
する。自分でもどうしてよ
いかわからない精神状態か
ら、自分の世界が整とんし
て見えたときに子どもはこういう絵の変化をしてくる。

　これは私にはたいへんな驚きだったんです。これを逆にいえば、これ
を行動にあてはめていうならば、子どもの行動というのは、我々はそれ
を見るわけですが、どんなめちゃくちゃに見える行動でも、子どもから
いえばめちゃくちゃなんじゃなくて、それは子どもの側にそれに対応す
る内面の世界があるはずだ。また、あるからそういう行動をするんだと。
こんな当たり前な話に自分は何で気づかなかったのかということを、こ
ういう絵を通して僕は非常に考えさせられた。

　今まで一生懸命記録をしていたその記録は、何といっても、これはこ
ちら側から見たものです。その記録は結局は子どもが自らを表現したも
のであると思えば、その客観的な行動を通して、いかにして子どもの内
面世界を推測することができるか、内面世界に近づくことができるか、
そういう問題がここに提起されているわけであります。

　もう少し、子どもの絵のことでの驚きを話させていただきましょう。今
のこの子どもはこれから何回かこういうことを繰り返しますが、これは
６歳の時です。幼稚園を卒業する頃、非常にきれいな渦巻になって、こ
れと本質的には同じでしょう。で、今のようなプロセスを成長の途中で
何回か繰り返すんです。そんなことをこの絵を通して見ることができる。

　もう一つ別の子ども。これはこういう絵の中に全く偶然とも見えるよ

うにこの十字のしるしがつけられます。これは2歳半ぐらいのときであります。もうちょっと早くから鉛筆で十字を描き始めます。十字を描くというのも、ただのいたずら描きか、あるいは大人が描いているのをたまたま真似たんじゃないかなんて、最初は考えましたけれども、ずっと見ていくと、とてもそんなふうには考えられない。他のものを描いた傍らにも十字をふっと描く。こういう例がたくさんたくさんあります。いったいこれは何だろうかというような疑問であります。この子どもが間もなく描く、これは人物画です。この人物画は縦の線と横の線からできています。昔から頭足人*1といわれているもの、コップフュスラーといわれている。児童画の研究の歴史の上では非常に典型的に出るものと同じであります。何も変わったものではありません。だけど、これはよく見ると縦の線と横の線、垂直と水平からできているというところが特色であります。十字もまた水平と垂直です。こういう子どもは歩き始める頃、人間が二本足で垂直に立っているということに非常に印象づけられたのかもしれません。

中心のある渦巻のテーマ
津守真『自我のめばえ』岩波書店、1984、p.156

4歳半のときの絵です。これは今、ひとつのサンプルですが、これは何だと見るか。そのときに一緒に描いたこれを一緒に見れば、ああと思うわけです。こ

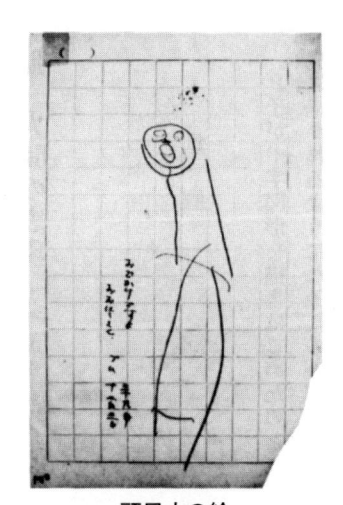

頭足人の絵
津守真『子どもの世界をどうみるか』日本放送出版協会、1987、p.52

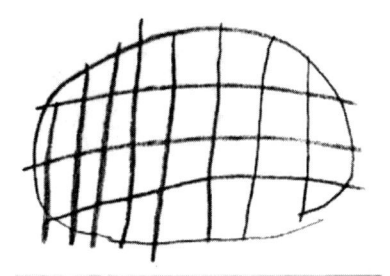

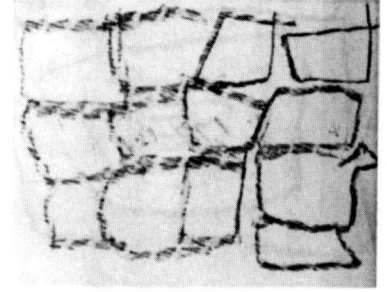

ちら側は線のほうに着目してるし、こちらは空間のほうに着目してる。ゲシュタルト心理学*2 でいう図と地といってもよろしいです。図のほうで見るか地のほうで見るかそれを自分で使い分けるわけです。これはいったい何だろうか。これだけ見ていて私はこんな絵はもうとっておくに値しないんじゃないか、よくもこんなのとっといたなんて思ったことがあります。だけど、それと一緒にこれを見れば、ああとこう思うわけです。地のほうから見るのと図のほうから見るのと全く違います。

対になる絵
津守真『子どもの世界をどうみるか』日本放送出版協会、1987、p. 69

　同じような作業を、垂直と水平についてもしている。もう2歳の頃からいろいろ工夫してるんじゃないか。私はこういうのを見ている間に、今いうところの両義性*3 というようなことをつくづく思いました。自分が今まで研究してきたことは、これはある一つの側面からは研究してきた。しかし全く違う側面というのを僕は見落としてたんじゃないか。これはですね、意識があれば無意識がある、左があれば右があるという

---

* 1　一般に3歳頃に獲得される頭から足がでているような形態の人体表現。
* 2　ゲシュタルトとは、部分の寄せ集めではなく、それらの総和以上の体制化された構造のこと。形態。心を、要素の集合とみなす要素構成的な考え方を否定して、ゲシュタルトとしてみる心理学。形態心理学。
* 3　同じ言葉が二つまたは多数の意味に解されること。或いは同じものについて、観点により、二つまたは多数の異なった判断が成立することをいう。

ような、こういう単純な事実を自分の中であえて認識しようとしなかった。それをはっきりと認識するようなことをもう一度やり始めたのは、こういう子どもの絵に触発されて私はそんなことを考え始めた。

　まだ昭和46年当時、両義性なんていうような言葉はあんまり使われてなかったと思うんですが、その後だんだん両義性というような言葉が非常に使われるようになった。なるほど、これは私だけじゃなくて、いろんな人が関心をもつことなんだなあということがわかってきました。

　もう一つ別な絵です。これもちょっと見ただけでは何だかわけのわからないめちゃくちゃともいえるものですが、これを描いた頃が、先ほど言った物をハンカチに包んで遊ぶ、りんごにレタスかぶせてもういいかいしてる、なんていう記録のあった

物を内に包む動作を描く
津守真『子どもの世界をどうみるか』日本放送出版協会、1987、p. 62

頃とちょうど同じなんです。つまりこの絵は布の中に物を入れて、両手でこれを持って、そしてこれを包んだり開いたりする動作なんです。

　子どもの絵というのは頭で描くものじゃなくて、身体で、動作でもって描くものです。これは、こうやってグルグル描くのは、一つには触覚を、触ったことを強調していることを示すものであり、それから中に描かれた円は、何か物を入れたということを示すものでしょう。これはハンカチの中に何かを包んでいるところを描いたものだといったって、そう間違いではないんじゃないかと思われます。すると、内と外の認識というのがちょうど2歳のときのですが、同じ頃から始まって、いろんなところにそれが見られる。

　これは幼稚園に行き始めた頃の、幼稚園に行くのに非常にためらい、逡巡し、行きたい気持ちと行きたくない気持ちが相動いている時の絵です。囲みの中に自分がいて、ちゃんと安定した土台の上に座っている。

内と外の揺れる気持ちを描く
津守真『保育の体験と思索』大日本図書、
1980、p.291

囲みの外には何だかわけのわからない化け物みたいな、得体の知れないものがいる。こうやって外と内というものの認識がある。

ずっと下がって、これは6歳の頃ですけれども、家の中から梯子を出して、内から外に向かって、天に向かって梯子を伸ばして、そうして天に昇って行く。内と外というのは今度は内側から外側へという動きでもあり、それから、内側からさらに高い所に向かって伸びていくというイメージでもあることがわかります。

今、サンプルだけをちょっと見ていただいたわけですけれども、記録とは違って、記録というのは私どもの手を一度通るんですが、子どもの絵は子ども自身が残してくれるというおもしろさがある。こういうことを通して、行動を表現として見るという見方を私は一つ見つけた。当たり前の話だともいえるんだけれど、自分にとっては非常な転換であったんです。初めの頃は、私はもうこれは自分だけしかこんなこと考える人いないんじゃないかなんて思っていたもんですから、この頃の学生さんはまた非常に困難したろうと思うんです。自分の材料ばっかり見せて、他人のことが話せなかった。

ところがちょうどその頃、私は幸いに、何人かの非常に優れた学者に出会いました。ひとりはクラーゲス*です。これは書物を通してですが。

───────────────

* Ludwig Klages(1872-1956) ドイツの哲学者。ミュンヘン大学に学ぶ。チューリヒにおいて表現学研究所を設立。人格に関する詳細な体系的分類を行うとともに、筆跡学を体系づけた。著『表現学の基礎理論』『クラーゲス性格学の基礎』など。

ルードウィヒ・クラーゲス。『表現学の基礎理論』『リズムの本質』。この人はもともと心理学者でありますが、今では哲学者として知られています。それから後にバシュラール[*1]、あるいはユング[*2]、それからさらにミンコフスキー[*3]、メルロ＝ポンティ[*4]、ランゲフェルトなんていうような人が、やはり同じような方向で考えていることを知りまして、私は、その昭和46年の前後には、こういうおもしろいことに出会ったわけであります。

観察者から実践者へ

さて、保育の体験、遊ぶ子どもへの魅力、実践の方はどうであるか。私は、それまで観察ということに視点をおいていた。心理学者としてはこれは観察じゃなくちゃできなかった。私が自分で子どもの中に入るよりも、人がやっているところを見た方が正確に見られると思っていた。

しかし、今こうやってみると、表現としての行動というものにナマに触れるのには、表現というのは行動の背後にあるその子どもの身体の動きですから、自分がやはりそこに入っていって、その身体の動きを直接に体感しなければとらえられないものがあるだろうと。

それで、いろいろなことがありましたけれども、そんなことを考えて、チャンスがあったので、附属でも中に入れてもらった。観察者から今度は中に入れてもらった。それから知恵遅れの子どもの方も中に入れさせてもらった。それから私の保育研究はちょっとひとつ違ってきたんですが、この頃のことは『人間現象としての保育研究』あるいは『子ども学のはじまり』などにいくらかまとめてあります。

保育の実践と思索—昭和56年

さて、昭和56年、つまり現在であります。私は、現在を語るという

ことがたいへん困難なんでありますが、今年の「幼児の教育」の2月号に、一度この辺でまとめて締めくくりしておかなくちゃと思ったものですから、「保育の一日」という題で連載してきたものの締めくくりを出しました。

この2月号を見て下さると、今のところ私が考えていることが大体記されています。今何を考えてるかということを紹介する意味で抜き読みして、指摘してみたいと思います。大きくいえば、保育の実践ということと、それから、実践したものについて考えるということと、この両者の繰り返し、循環であります。保育の直後から、ここでは記してるんですが、これは第一に実践の体験の反省であります。

「子どもたちが去ったあと、あるいは眠ったあと、保育者はさし迫った現実の要求からひと時解き放たれ、無心になって掃除をするときが与えられ、三輪車がひっくり返り、思わぬ所に積木が散らばり、その所々に保育の最中には気付かなかった子どもの心の跡を見出す。それと共に、子どもと応答していたときの体感や物質のイメージが甦る。いずれも無

---

* 1　Gaston Bachelard（1884-1962）　フランスの科学哲学者・文学批評家。「認識的初断」の概念によって構造主義の先駆者の一人とされる。詩論・イマージュ論でも知られる。著『否定の哲学』『水と夢』など。
* 2　Carl Gustav Jung（1875-1961）　スイスの心理学者・精神医学者。ブロイラーに協力、連想検査を作り、また、性格を外向型・内向型に分類。はじめフロイトの考えに共鳴し、精神分析の指導者になったが、後にその学説を批判し、独自の分析心理学を創始。
* 3　Eugène Minkowski（1885-1972）　フランスの現象学的心理学・精神病理学者。自閉の研究で有名。著『精神分裂病』『精神のコスモロジーへ』など。
* 4　Maurice Merleau-Ponty（1908-1961）　フランスの哲学者。フッサールやハイデガーの現象学ないし実存哲学を基礎にして、ゲシュタルト心理学を媒介にしつつ、新たな知覚や身体性の現象学を切り拓いた。著『知覚の現象学』『意味と無意味』『見えるものと見えないもの』など。

心に掃除をするときに向こうからやってくる『もう一度心をとめてみよ』というかの如くである。この保育直後の重要さの第一は、保育者の体感、物質のイメージとして残された感覚の記憶を自らの中に確認するところにある。

　第二には、保育者自身との関連において、次の日がくる以前に心の備えをしておく課題、あるいはテーマが示されることにある。いずれもこの段階では未だ明瞭な意識とならないことが多いが、掃除をしている間に静かに保育者の身体の中にしだいに意識を形成する過程が進行している。」

　実践をした後で、掃除をする時間というのを僕は昔から実践の一部として、また研究の一部として非常に重視をしてきたということは、昔から変わらない。それはなぜかということが近頃になってわかってきた。それは、実践そのもののそれをもう一度自分で、そのときの体感を甦らせる、つまり研究の面からいえば、そこで取り上げる課題は何であるかということをつかむことができるのはそのときだと思うんです。それがその子どもに即した研究課題になる。つまり、子どもに即した研究課題というのが、翌日保育をする上の重要なポイントであります。翌日、向けてやるのは実践なんですけれども、そこで一度ストップさせて、それを少し思考の面で、あるいは文献的にでも、それを料理してみるならば、これはまた一つの研究的意味をもってくる。

　第二の点は、先ほどからお話している懐疑、疑うということであります。「そこで、最初の体感の記憶を失わないでいるならば、何度も同じ場面や出来事に立ちもどる間に、次第に最初の言語化や意識に対する懐疑が生じる。すなわち、最初自ら思いもし、人に話していた言葉は体感でとらえた真の課題とは合致していないのではないかという疑惑である。ここにおいて、もう一度言語化され意識化される以前の、最初のあの何とも言い表わし難い実践の最中の体感に立ちもどる。」

　そこでね、実践の最中の体感というのが、僕は重要だと思うんです。

実践の最中の体感ていうのは、実践してる最中にできるだけ自分勝手ではなくて、自分のベストコンディションを保つことがやはり要求されるわけであります。実践というものの中にはそういう面がある。もちろん、実践にはその逆の面があることはこれはもう当然なんです。実践というのは肉体労働ですから、風邪ひいてるときや疲れてるときや面倒臭いときや、もうベストコンディションなんて言っていられないことはよく承知してるんですけれども、でも、いつもそうであったんじゃあやっぱり、あまりにもお粗末な生活だ。

　あるときには、保育者としての大人はベストコンディションになって、子どもと触れ合う、そのときにそこで子どもから伝わってくるものがあるんじゃあないか。そこに何度も立ちもどる。それをですね、途中でうっかり言語化して、「この子どもは落ち着きがない」「これは困った行動だ」「これは何とかだ」と「この子どもは乱暴したんだ」「これは投げたんだ」とこういうふうな言葉で処理してしまうと、もうその枠の中に吸収されてしまって、本当の問題に近づけない。つまり、いつでも表現したこと、自分が言葉にしたことをやはり疑ってみること、これが第二の問題。

　第三もやはりこれも懐疑。疑いなんですけれども、実践に対する疑い。あるときには子どもは心から楽しんでおらず、何事かに没入して自らの世界を創り出しておらず、本心を出して生きていない。これは私との応答の間柄におけることであることに気づくとき、私は根本的に自らのあり方を考え直すことを迫られる。私はその子が自らの本心をあらわにして生きられるような間柄を回復することに全力をつくす。保育者は、たぶん誰でも、こうした体験をどこかでしているのではないかと思う。また保育者はそれによって自分自身を変えられて、人間的に成長している。子どもの行為をあるがままに見るということは、傍観者として見ていてなされることではないと私は思います。けれどもまた、常に子どもにとって本当にいい実践とは限らない。楽しそうに見えていながら、実

は子どもが大人に対して付き合ってくれてるだけだとか、そういうことがたくさんあるわけです。そういうことに気がつくと、やはりこれは愕然とするわけで、それがしかし、保育者として成長するとき、保育者がもう一度自分のベールを取り除かれて、子どもをありのままに見て、そしてそこから一緒に付き合い始めることができるとき、具体的にいえばこういうことはたくさんたくさん、いろいろいうことができると思いますが、今は省略いたします。

　四番目には、生み出す保育としての意味。子どもが自分自身の可能性と応答して生きることが許されるような、これが遊びである。そこには、子ども自身が発達の中で負っている精神的課題もあらわれるし、また、個性に従って創造する世界も表現される。客観的観察者として参加しておもしろいのは、こういう保育にめぐり会えたときである。また、保育者として、その子どもの成長に一層深く参与できるのも、こうした保育が生み出されるときである。最初に出したあの例のように、子どもが自分自らの可能性を発揮して生きられるような保育実践がなされたとき、そのときに、そこに子どものいろんな精神的な悩みやあるいは精神的課題も表現されるし、子どもの創造的な力も表現されてる。附属の幼稚園で私が昔、魅力を感じたというのは、保育者と子どもとの間で、そういう息の合った、生み出される保育がそこになされていたから、そこでこれは観察していても非常におもしろいものだったというような、こういうことだったんじゃないかと思うわけです。また自分が、拙ないながらも一緒に、子どもと一緒に、そうやって子どもが十分に遊ぶところに参加できたときに、そのときに子どもの成長に私も一枚参与できたんじゃないか。

　第五に解釈。体感によってとらえられた表現としての行為から、新たな意味を建設する作業は解釈とよんでよいであろう。すなわち、子どもがほとんど無意識のうちにとらえている意味を、大人の理解しうる意識の中にもちこむ作業である。この無意識と意識の間に、人間の精神作業

があるのであって、これが一方には懐疑、そして無心になるという作業であり、他方には自由な連想による新たな結び目の発見と実存的現実化である。保育者はほとんど無意識の間に、こうした解釈の作業を行っている。しかし、人があまりに合理的機械的思考に支配されるとき、自由な連想と実存*的思考が損なわれて、保育実践と実践後に考える生活とが分離してしまう。つまり、子どもがそうやって十分に発揮してくれたものをどう考えるかということが、次の保育にも重要であるし、研究としても重要だ。それには今、二つの機能、一方は疑うことであり、一方はそこから新たな意味を発見することなんですが、新たな意味を発見するのには、考えるときの自分がベストとはいわないまでもベターコンディションになってないと、自分の想像力が失われてしまう。ところが、今、非常に忙し過ぎたり、それから、何かこう考えねばいけない、こう考えなければ本当じゃないというような空気があるものですから、自分が本当に思いきって考えることができないというような時代風潮があるんじゃないかと思う。

　保育ということを考えると、これは子どもの世界というまだ型にはまらない大らかな世界でありますから、やはりそれに対する一抹の、あるいはもっとそれに打ちこんだ理解というものを我々がもたなければ、保育もできないし、また、子どもの世界を研究していくのにもそこが非常に重要じゃないか。それができるようになると、複雑な世界の中に生きている我々、現代の保育者にとっても、保育が単なる労働や雑事ではなくなってくるんじゃないか。

　第六には、解釈と思索であります。行為の解釈は、それまで無意味と思われていたものに新たな意味を見いだした当初には、新鮮な力をもっていても、反復して適用され、時が経つうちに、機械的公式論に陥る危

＊　現実的な存在。普遍的な本質ではなく、時間・空間内にある個体的存在。本質存在に対比して用いられ、可能的な本質が現実化されたもの。

険がある。解釈に対する否定的見解はここに根拠がある。しかし、行為の意味は、保育者が子どもに応じ場面に応じて新たに発見するのであって、同様の行為も、一回ごとに異なった意味をもつ。一般的には周知のことも、保育者がきょう眼前の子どもについて意味を見出したときには、新鮮なよろこびがある。子どもと保育者の生活の状況には、一つとして同じものはなく、それぞれ異なった過去・現在・未来をもつから、解釈は生活の連鎖の中での思索の重要な素材となる。解釈は思索の中で新たな生命力を得る。

　解釈という問題については、精神分析のところからもうずっと、あるときには疑問視され、あるときには非常に重要視されたという歴史をもっております。しかし解釈というのは常に我々がその中で、今まで私が述べてきたような作業を経て、考え続けることによって新たな生命力を付与されるのではないか。

　もしも、子どもが物を砂の中に埋めたときには必ずこれはこうであると、こういう解釈をきっかりと頭の中にもってしまったら、むしろ今度は間違えてしまう。それは、また新たに子どもと実践を重ね、疑いをもち、また次の日の実践をし、そういうことを積み重ねていって、その子どもにとっては、同じ物を埋める行動でも、これはまた別の意味合いをもつことを発見することは、これはあるでしょう。それによって初めて解釈というものが再解釈されて、新たな力をもってくる。

　七番目に、保育の実践と思索の循環性であります。実践することと考えることは、保育においては切り離しがたく入り組んでいて、一つのものである。自由遊びは子どもを放任して遊ばせておくのですかと人から尋ねられるが、考えるという保育者の精神作業なくして、保育の実践はない。放任する保育などありえない。

　また、保育後の保育者の作業は、教育計画の目標に照らして評価すること、および翌月の保育の計画を立てることであるといわれるが、保育における実践と思考は、そのように分割され人為的に構成されるもので

はない。計画によって支配される保育は、考える人間のなす保育とはいえないだろうと私は思うんです。実践と研究とはここにおいて切り離しがたい一つのものではないか、これらのことを私は、まだ非常に拙い表現でありまして、もっと一つひとつていねいに考える筋道をつけていく必要を今、非常に感じております。

　八番目に、世代へと引き継がれる保育。人はむかしから実践しつつ考え、考えつつ保育してきた。その中に、子どもを保育するよろこび、たのしみもあり、また、悩みや戸惑いもあり、その中で大人自身も成長し、年をとっていった。

　子どもはその中で人間のすべての面で成熟し、自分で何ごとかをなしつつ考える力を獲得し、希望と不安を抱きつつ大人になり、次には自らが保育する者となっていった。こうして世代から世代へと、人間性が引き継がれてきた。保育の根幹をなすものは、生の営みとしての保育であることは、現代においても同じではないかと思うんです。

　保育というのは、今この場限りのものじゃない。こうやって保育している最中に、まさにこのときに、今保育されている者が、今度は自らが保育する者として成長しているわけで、その重要な機能を担うものは、実に保育ではないか。

　こう考えると保育というのは単に幼児期の問題だけじゃない。さらに引き続く時期というものをもその中に含むし、また今度は、大人自身の成長、それは決して保育というものを技術として行い、あるいは、保育者は子どもから離れて子どもを教え導く者としてだけ存在するのではなくて、大人自身の成長というものに、保育を切り離してしまったならば非常に欠けたものが生じはしないか。

　私は決してこう言って保育をするチャンスをたくさんもたない人をうんぬんするつもりは全くないんですが、保育をする作業というのは、大人自身の成長というものと非常に本質的なかかわりをもってるんじゃないかと考えるわけであります。この点はまだまだ思考も不十分でありま

して、今後において考える問題であります。

🍃 もっとよい道がどこの場所にも開ける

　今、私はこういうふうに話をしてきまして、現在を語り、また現在の中に入り込んでいる過去をお話しましたが、今度は、未来というものに対して、今の現在と過去の中に自らに未来に展開する力があることはもうおわかりいただけるだろうと思う。心理学者として出発した者でありますけれども、いつのまにか今度は、世代から世代へと引き継ぐ人間学というものにまで、私はいささか目を開かせていただいた。これは非常な得をしたことだと思ってまして、今後もう少しこういう視点から考えを続けていきたいと思っているわけであります。

　たいへんごちゃごちゃと重複したことがたくさんで聞きづらかったと思うんですけれども、昭和26年の頃に私の講義を聞いて下さった方、36年に聞いて下さった方、46年に聞いて下さった方、56年に聞いて下さった方、そういう方々と一堂に会しまして、こんな話をさせていただいて本当にどうもありがとうございました。

　最初に本田先生からご紹介いただいたように、私はお茶大の教授と愛育養護学校の校長ということが兼任できないというような立場になりまして、それで愛育養護学校の方を選ぼうと自分でそう思ったわけで、どちらにもいろいろの長短様々なことがありまして、決して私がこれでいい決断をしたとか、立派な決断をしたとかそんなふうになどは毛頭思っていないし、皆さんにもそう思っていただきたくはないわけで、ただそういう決断をした。それによって、こういう保育の実践をする場が、やはり一つは確保されたのじゃないかということは思います。だけれども、また一方、児童学科に対しても大学に対してもある面ではたいへん無責任であるかもしれないし、迷惑をかける結果になるかもしれない。

　だけど私はやはりそうは考えないんで、そうなれば今度は、そこから

今までよりもっとよい道がどこの場所にも開けるということを信じて疑わないわけであります。そして今お話ししましたように、保育の研究は私はこれから今までよりもっと続けていくつもりでおります。

🍃 謝辞　本田和子氏

　ありがとうございました。そしていろんな方に聞いていただいて、津守保育学の原点と、それからただ今までに獲得なさったエッセンスのようなものをお分かちいただけたように思いまして、たいへんありがたく感謝申し上げております。
　先ほどから津守先生のお言葉にもございましたように、津守式の保育研究というのは身体を投入して、質のいい現場をつくることであり、そこで得られた材料を二度三度解釈することである。とすれば、津守保育学は、今後ますます徹底した形で展開されるのであろうと思っておりますし、ここに集まっております私どもが、子どもを考えることをやめなければ、津守先生とのご縁というのは今後ともますます深化していくのではないか。今日の集まりは先生をお送りする集まりであるというよりも、そういう思いを確認するような集まりであってほしいと私は思っております。皆様もそのような気持ちで今の時間を迎えて下さったのではないかと思っております。本当にありがとうございました。

第2章
理解するということ

　保育の場で出会った3人の子どもについて語っておられる。どの子どももすぐには理解できないような行為をする。理論的にはまだとらえられないとおっしゃりつつ、子どもやそれにかかわる自身の行為を率直に語りながら、子どもたちの心の奥底にある根源的な不安や憎しみなどにいきあたり、それをうけとめる保育を試行錯誤しておられた。

はじめに

　親しい方々のお集りの席で、よく知っている方々の顔を拝見しながら、今日ここでこんな会をもって下さいましたのは、昨年の２月から、この１年半くらいの間に、お前はどのくらい保育研究が進歩したかひとつ試してやろうというような、そんな気持ちも多少はおありかと思います。まだあんまり十分に考える余裕がありませんで、学問的に煮つめたお話をすることができないことを最初にお断わりしておかなければなりません。本当は、そういうことに応えて、そうしたいのですけれど、私はいつも現象の間をウロウロしておりまして、それがなかなか学問的に煮つまらないのが、自分でも悩みであります。

　ところで去年の４月からこの１年半ほどの間、私は今までにないほど現場そのものの中に浸ることができました。はからずもこういうチャンスが与えられたということは、保育研究ということをするものにとっては、またとない恵まれたチャンスだったかと私は思っております。また、それと同時に、保育の実際というのは、人間のまさにすべてを丸ごとかかえていく仕事でありますので、何と重たいものかということも同時に感じております。

　今日は、第一の課題としては「一日の中で見ること」と、「保育の積み重ねの中で見ること」とどのような関連になるかということを、自分なりのテーマにしてみたいと思います。それから第二には、「理解するということ」と「理解できないということ」と、これが保育においては、相互に織りなされているわけでありますが、それがどういうことかということを、ごく現象に即してお話ししていきたいと思います。

　ここで最初に私の触れている現場の解説をごく簡単にしておかなければなりません。今私のいる養護学校には、５つのクラスがあります。今年は、といった方がよろしいでしょう。年によって伸縮自在にいたしますので。幼稚部とそれから小学部。その小学部に低学年のクラスと高学

年のクラスと、比較的重度の子どものクラス――今年だけのことです――とあります。それからもう一つ加えて、週に2日だけ集まる比較的小さい子ども、2～3歳から4～5歳の子どものグループがあります。合計5つのクラスがあるわけです。

　私がその中に実践として加わるときには、自分が必要とされているところに出かけて行くということになります。それらの子どもの全体で約50人に上りますが、幸いなことに、私はあまり雑務に追われることなく、これは職員がそういう部分をしょって下さるからでありますが、現場の保育の仕事に専念することができることは、たいへん幸せなことであります。

一日の中で見ることと保育の積み重ねの中で見ること

　さて、第一の課題としましたのは、昨年5月10日の話であります。一人の子どもTくんが急に外から入って来まして、じょうろを持ってきて、そのじょうろで部屋の中に水を撒きました。私は他の子どもの母親と一緒にそこにおりました。その母親は急に外から入ってきた子どもが、じょうろで水を撒くので急いで止めようとしたんです。でも私は何かその子にとってはそれが大切なことのよう思えて、少し見ていてみましょうと言って、それをおさえて見ておりました。

　さて、これが最初の第一の場面の要約であります。じょうろに水を入れて部屋の中に持ってきて撒くというその場面だけを見て、いったい私どもは、何かをそこから導きだし、判断することができるものだろうか、どうだろうか。もちろん、そこでそれを止めてしまうというそういうやり方もあります。部屋の中に水を撒くというようなことは、普通には、あまりしないことであります。しかし、それに何か大事な意味がありそうだということは、その場にいればその点は判断できることであります。しかし、それがどういう内容の意味であるのかということは、その

場だけからその一つの事柄だけから考えることができるものだろうか、どうだろうか。

　実はこれは私は大学の研究室を主としていたときには、こういう一つの場面から物事を考えるということをずいぶん工夫もし、それについては考えたつもりであります。しかし、そのことと、その子どものこれからの教育との関係について答えを導きだすことは、はなはだ難しい。とすると、これはもう少し経過を見てみなければならないかもしれない。

　さて、その子どもが水を撒いたということで、その時にある程度わかったことは、自分のいつもたいへん親しい場所に水を撒いたということであります。登園してくると、すぐその場所に行って、いつも快く休まる。その場所に水を撒いたということを考えると、その子どもは、自分の慣れ親しんでいる場所をダメにしてしまったんじゃないかと、考えてよいでしょう。水を撒いて、大事なものを水浸しにして使えなくしてしまうというようなことも、私どもは一般にやる場合があるわけであります。そんなことを考え合わせると、その子は水を撒いて、そこをダメにしてしまった。

　それからずっと日が重なっていきます。6月9日に私とその子と半日遊んだ後に、その子は50cm四方位の箱の中に私を入れました。そして私の膝の中に縮こまるようにして潜り込んだのです。それも私はその場にいて、いったいどういうことだろうかと非常に戸惑ったのです。私が一人入るだけでも窮屈な所にその子は入り込んでしまった。今の二つのことを結び合わせて考えることもできます。それからまた、毎日毎日積み重なるその日のことが、すぐその上に重なってきますので、それらは思考の上に混ざってきてしまいます。一人強い子どもがいて、その子どもに押し倒されたり髪の毛を引っぱられたりするものですから、その子のことが恐くてお母さんからしだいに離れなくなってしまったんです。そして6月9日のそのことがあって後、すぐその後から、その子はお母さんから全く離れなくなってしまいました。そして昨年の6月から12

月まで、お母さんの傍らをほとんど離れないで過ごしてしまったんです。

　子どもが何かこちらの事情のために母親から離れなくなって、そしてお母さんも現場の中に入って過ごさなければならないような事態になってしまったというそのことは、保育担当者にとっては非常につらいことであります。だけれどそれが実際起こったことでありまして、その一連のことを考えてみますと、今の小さな箱の中に自分も潜り込んでしまったということは、まさに、お母さんの中に潜り込んでしまうように、まわりをすべて保護されて、そして、外界から遮断して、その中に潜り込んでしまうような生活を求めていたのだろうということは、すぐに考えられることであります。そして実際そのあとから、お母さんの腕の中に潜り込むようにして、それから何か月かを過ごすようになってしまったわけであります。

　その一連の経過の中から今の5月10日のことを考えてみますと、それは、自分の慣れ親しんでいた所に水をかけて、そしてそれをダメにしてしまうということは、自分は、そこの場所は必要なくなったということを宣言することであったのではないかと考えました。その一日だけのことから考えられることもありますけれども、積み重なる日々の全体の系列の中からそのことをもう一度振り返ってみると、その一日のことはその保育の経過そのものの中から解釈される。他のことを必要としない。

　それでは一日だけのそのことは、一日だけしか触れない人があった場合、それは全くわかりえないことであるかというと、そうではなくて、一日だけ触れた人が、そのことを何らかの方法である程度理解を深めてくると、その理解は非常に役立ちうるものである。ここにおいて、訪問者、あるいは一回限りの研究者がそこに来て、それをよく考えてくれたそのことを、それから保育担当者が日々積み重なるその中で苦労してそのことの意味を見いだすことと、それは決して矛盾することではない。それは、両方相互に補い合っていくものではないかと思います。

最初にお断わりしましたように、私は十分にその事柄を今、表現するだけの余裕をもたないままここに来てしまいました。それは、現場の保育が終ってまだ今日は２日目であります。で、まだ十分に実はそれらのことを考える時間的余裕がないんです。今後もう一度課題として考えてみたいと思っております。それからまた、皆さんの中にもそれらの事柄について、同じようなことについて考えを巡らしている方もあるのじゃないかと思う次第です。

🌿 子どもの世界が表出される遊び

　ここで第二の課題へ移ります。現場の仕事としては、次は今の続きの話になるわけなんです。何日からかはちょっと忘れましたが、今の子どもが、もう一度母親から離れて、そうして自分で遊びはじめるときがあるんです。それは今年（1984年）の１月９日なんです。まだ３学期が始まって最初の日。ふとしたことから、その子どもが私のところに来ました。そして自転車に乗せてくれというような素振りをするんです。私はその自転車に乗りたいのかと思って、乗せてやろうとしたり、あるいは私が乗って後ろに乗せてやろうとしたりいろいろと試みたのですが、いずれも子どもは満足しない。
　そのような場合に、子どもの方に一歩主導権を与えて、そしてどうなるかということを、あとからついて行ってみるというようなことは、これは保育の一つの原則でありましょう。私もそこで、その自転車を、最初は乗ったり乗せたりすることを試みたけれども、そうじゃなくて子どもがそれをどう扱うかということを、ちょっと一歩下がって見てみたんです。そしたら、その子はその自転車を一生懸命立てようとしているんです。二輪車ですから離したら倒れてしまいます。それを一生懸命立てようとしているんです。
　それで私もアーッと気が付きまして、この子は、今転んでいる状態か

ら立ち上がりたいんだと、その瞬間に思ったんです。それで指を一本触れて、子どもにはわからないようにして自転車を立ててやったら、その子は非常に満足したんです。そのことからその一日がずっと続きまして、そしてそれから1〜2時間後に、今度は車の脇に傘を見つけてきて、傘をひろげて——こわれた傘ですけれども——それを脇に立てようとするんです。そしてそれが倒れようとすると気に入らなくて、私にそれを支えていろという素振りをするんです。私は、その傘を横っちょで指で支えて立ててやりましたら、その子はたいへん満足をしたんです。傘が倒れてはいけなくて、立っている状態にすることをその子は非常に望んだ。その日から、その子は遊ぶようになっているんです。

　たいへん不思議な話であります。私は昨年の3月にここでお話ししたときにも申しましたし、いろんな講義の機会にも申しました。子どもが遊ぶというのはどういうことかということです。遊ぶというのは、自分の世界をそこに表現できたときです。その世界を表現するところまで大人がそれを支え、そしてそこまで持ちこたえていったときに、子どもは自分から自分の世界を表現して遊び始めるようになる。私は実は昨年その話をして後、はたしてこれから後の自分が毎日保育に携わっていったときに、今までのように、研究者としてだけそこにタッチしていたときと同じように、その考えをもって貫くことができるかどうかということに、いささか疑問をもたないではありませんでした。

　しかし今、私は、たいへんはっきりしていることは、それは、その瞬間瞬間においてはどうなるか非常にわからないで、戸惑うことが保育の実際でありますけれども、その経過を見ていくと、そうした子どもの世界が表出される遊びを励ましていけば、その世界が今のような形で象徴的に実現されるということを、いろんな子どもについていうことができると思います。その子どもが今まで遊んでいた場所を必要としなくなって、そして母親の胸の中に入ってしまうことを宣言したこと、そして今度はまた、新たにもう一度自分で立ち上がって遊び始めようとしたこ

と、そのときに示した行動は、たいへん象徴的な遊びでありますが、そういう遊びを通して、私どもはそこに子どもの世界を見ることができるのではないかと思います。その立ち上がるところの遊びは多分1日か2日だけだったと思うんです。その後は、今度はいろいろな遊びに多様になっていきます。

　自分が小さな自発性を出すことができるようになる。その瞬間というものは、保育者にとっては、非常に見逃がすことのできない大事な瞬間であるが、それはもうほんの僅か1日か2日で通り過ぎて行ってしまって、次のステップに移っていってしまうこともある。そういう意味で、私は今、一人の子どもの移り行きというものに、非常に教えられたし、またおもしろく見ることができたのです。

🍃 新学期の悲観

　さて、それから今年の4月になりました。今年の4月になって第一日目にその子どもがやって来ました。私はその子が、自動車を並べて遊びはじめたので、一緒に遊んでいました。ああ、たいへんうまい具合だなあと思ったんです。昨年と比べて、その子は自分から、積極的に自動車を並べて何事かをし始めたんです。そうやって30分ほど過ごしていましたら、今度はそこに、また、その子より力の強いS君という子どもがとび込んで来まして、私とその子が遊んでいるのを見たらもうムラムラッとして、その子の髪の毛をひっぱって引きずったんです。そうしたら、それからその子はもう私にピタッとひっついて一時も下に降りようとしないんです。それのみではありません。似たようなことが実は最初の日にいくつもありました。

　私は最初の日と次の日とその次の日と、最初の2〜3日の間、本当に悲観してしまったのです。去年と同じような状況がまたまた繰り返されて、そうして少しも進歩がないじゃないか。まあ、考えてみれば4月だ

第2章 理解するということ

からといって進歩があると思うほうが問題だったということは、後で考えたことではありますけれども、何だか新学期だというと、進歩があっていいような気持ちになるものなんです。今日はここにも、私と一緒にそのクラスの実習をしている方々の顔もチラホラ見えますから、その方々は同じように、最初の頃はあるいは悲観した体験をもっておられたかもしれません。そのことだけではなくて、暴れる子どもは去年と同じように暴れ、しかも、去年よりも、もっとひどい状態に悪化している。そんな事柄を最初の1～2週間見ていく間、私は何といいますか、何か私が現場の責任者としても見逃していたものがあるのではないだろうか、クラスの編成のしかた、あるいは環境の整備のしかた、あるいは何かしら活動の準備のしかた、それらの事柄について、自分はあまりにも心理学的な面からの行動だけに関心をもって見ていて、それらのことについて十分な配慮や整備をしなかったのではないか、そういうことがありはしまいか、というようなこともいろいろと考えてしまいました。

　障碍をもった子どもは激しい行動をする。人の髪の毛を引っぱって、それもただ引っぱるだけじゃない。さらに自分の手元にグッと引っぱって踏みつけるというような、見ていられないようなことをするのを見ると、これはいったいどうしたらいいんだろうと実際胸をつかれる思いがいたします。もう先生に抱かれてだけいて、大人の背中が痛くなって、負いきれなくなっても、なおかつ降りようとしない、そういう状態の子どもを数々見ていると、一体こういう子どもは、保育するというような生やさしいことでは、収まらないんじゃないかという疑念も湧いてきます。これは私なぞがそんな疑念をもつなどということは、とんでもないことだといわれるかもしれない。だけれども、それは正直私はそういう気持ちをもってうちに帰ることが何度も何度もあった。

　さて、その中の一人の子どもにまた少し焦点をあててお話しすることがわかりやすいかとも思いますので、とくに私とつき合いの深い一人の子どもに焦点をあててその経過をもう少しお話ししてみようと思いま

す。

　Ｓ君というその子が、あんまり髪の毛を引っぱるものですから、その子のために活動が停止してしまう子どもがあるわけです。これまで話してきたＴ君の昨年の話を今しましたように、もしもこれがもう一度繰り返されれば、またお母さんの手元にくっついてしまって離れなくなるに違いない。

　もしそうなったならば、いったい教育の場というのは、はたしてその機能を発揮することができるのだろうか。そんなことを考えて、私はその子どもを守らなくてはならないと思ったから、その強い子の目に触れない別のクラスの中に—重度の子どものクラスは比較的他のクラスから守らなければならない必要があるので、しばしば鍵をかけたりなんかしていたんです—その子を連れていきまして、その髪を引っぱる子から守るようなことを試みた。はたしてそれがよかったのかどうかというようなことははなはだ問題があるわけでありますが。そんな具合にして一方において守るほうの子どもをそんな具合にしました。

　もう一方、Ｓ君という強い方の子どもが何で他人の髪の毛を引っぱるのかは、よくわからなかった。その子が通る所通る所、みな小さい子どもがひっくり返っているものですから、私はとうとう最初の頃のある日、その子どものいる所で小さい子どもの部屋の戸を開けてしまってそして鍵をかけてしまった。これは今考えるとたいへん心の狭いことであるわけですけれど、何か現実にそうしないではいられないような事態の時があった。そうしたらＳ君が非常に激しく泣いてわめいて、そして「開けて下さーい」といって叫ぶんです。その声を聞いていると、それもまたやりきれなくなって、とうとう開けてしまう。開けるととたんにとび込んでいって、もう数秒の後には２〜３人の子どもがそこで泣いているというような状況。

　そのことがあって、その次の日から、Ｓ君は学校にこなくなってしまったんです。それはもう私は非常に自分で責任を感じたんです。その

子の目の前で戸を開めるなんていうことは、たいへんひどいことをやってしまった。ところがそれから3日ほどしたら、その子はまた、ケロッとしてやって来たんです。ほんとにケロッとした顔をしていたんです。

手をつかむこと

それで私はホッと安心しまして、今度は自分もその間に考えて、こういう事態になった場合、危害を加える子どもと加えられる子どもがいた場合に、どっちかの味方になってしまったんでは、これは保育者としては十分な機能を果たしてはいないだろう。もうちょっと距離をおいて、よく見ていて、そこで必要なことを冷静にやらなくてはと思ったんです。

それでそういうつもりで見ていますと、実際こちらがカーッとしていた状態の時よりも、まだ落ちついて処理することができるんです。そんなことを1～2日やってみる。ところがどうもそれが続かない。続かないというよりも、そうやっていても、髪の毛を引っぱる子ども、引っぱられて泣く子どもというのが、それがもう次々にエスカレートしていくんですね。

それで、私はそこでひとつ腰を据えて考えたんです。その子はどういうふうにして他の子どもをやっつけるのかということ。それはまず、その子は他の子の髪の毛を手でつかむんです。手でつかんで、それを手元に引き寄せるんです。そのときに私は、それを止めようと思って今度はS君の手をつかむんです。そして離させようと思って、指を一本一本こう離していっても、今度はもう次の手でもってこうやるんです。

だけどS君の手を僕もつかんでいるんです。その子が一番嫌がるのは何かというと、靴を脱がせるとか、靴下を脱がせることなんです。それで靴を脱がし、靴下を脱がすと、その子はもうすぐ手を離すんです。いったいこういうことをしていいんだろうかということを考える。その子は

手で相手の髪の毛をつかんでいる。僕はＳ君の手をつかむ。

いったいそれはどういうことかと思って考えていたら、ハッと思ったのは、ドイツ語でつかむということは、greifenです。Angriffというのは、ドイツ語でいうと「攻撃」です。agressionというのは英語で攻撃ですが、ドイツ語では、Angriffです。「つかむ」ということが攻撃の原型なんです。

この子はつかむことによって相手を攻撃して、攻撃するというのはつかんでいるということだ、その攻撃している子どもに対して僕はまた、その子をつかんでいる。僕は攻撃しているんです。その子に対して憎しみの目を向けているんです、私も。それで、こりゃあいけないと思ったんです。

Angriff、angreifen、agression……、ちょうどその時。私はカネッティ*の『群集と権力』という法政大学出版局から出ている本を、手にしてまして、カネッティという人は、第一次世界大戦と第二次世界大戦との両方にかけてヨーロッパの国々の間をまわって、そして、いったい、人間の世界の中に攻撃ということが何で起こるのかということを考え、その事実を集めてまわった。その攻撃の事実を集めてまわったものを、大部の本にしたんです。それが、ノーベル文学賞をもらったんです。その第１ページに、「人間の攻撃の原型は、暗闇で後ろから肩をつかまれることだ。これが攻撃の原型であり、不安の原型だ」というような意味のことが書いてありました。

私はそのことを照らし合わせて考えてみた。その子は攻撃しているし、また攻撃されている。小さいときから、もしかしたらそうやって手でつかまれて、そういう幼児体験をしているかもしれない。

さて、その子についてわかったことだけ、一、二補足しておきますと、その子は、生まれたときから階下の家に人が住んでいて、歩けるようになった頃、ソファから降りたりころんだりすると、下の家から苦情が出た。そして電話がかかってくる。それで、その子の家は、子どもが

よじ登れるようなものは、なんにも置いていないんだそうなんです。だからその子は、ソファからとび降りるというようなことなんかは、もちろんしたこともない。そういう生活をして、それでお父さんもお母さんも、そのことで悩まされて来た。その一事だけを知っただけでも、非常に考えさせられてしまいます。

　歩くというような人間にとって非常に基本的なことは、本来は子どもにとって喜びであるはずなんです。人からも喜ばれるはずなんです。それを否定され悪とされたときには、子どもは小さい子どもであろうとも、自分の存在そのものに対して疑念をもつんじゃなかろうか。自分の存在を否定されたものと考えていくんじゃないか。もう非常に根本的なところで、その子はもう被害者になっているんですね。そういうことを考えますと、その子がつかんだりつかまれたりするということについて、その子には不安もあり、また憎しみもあるんじゃないかということを考えさせられる。で、私はそのことから、この子が髪を引っぱったときに、手をつかんではならないと思ったんです。これからは、その子は割に言葉の理解もありますので、言葉で伝えて手をつかまないでやろう。

親しむ心

　さて、ここで私は、ちょっと一つまた別の話を途中にさしはさむんですが、それと同時に私はもう一度、倉橋惣三の『幼稚園雑草』を読んでおりました。その中に「親しむ心」というのがあります。「世の中に、相手に対して親しみをもたない子どもがいる。それは非常に問題だ」ということが書いてある。その親しみをもたない子どもに、どうやったら親

＊　Elias Canetti（1905-1994）　ブルガリア出身のユダヤ人作家、思想家。著『群衆と権力』『眩暈』など。1981年ノーベル文学賞受賞。

しみをもたせるようにすることができるか。それは大人の方から進んで親しみをむけるよりほかはないではないかということ。

　昔から倉橋惣三の書物は、私はいろんな観点から、非常に優秀なものだと思っておりますけれども、今、もう一度読み直してみると、あの方はたいへん頭のいい方で、複雑な事象をよくよく整理して、そして、その大事な観点をびちっと押さえておられる。ただ随筆を並べたものだけとはいえないような、そのくらいよく物事を整理しておられるということに、私は気がつくんです。

　『幼稚園雑草』のような小さな文章の集まりのようなものでも、今、私、もう一度読み直すと、非常に整理のあとが見られる。今の「親しむ心」というのが、あの文脈の中でスッと出て来るんですが、その保育の一つの原点をそこに示している。

　他にも何人も私は同時に子どもをみておりますけれども、それらの子どもに対しても、私はどちらかというと皆さんご承知のように、私は子どもが子どもの方から動くのを待っていて、そして子どもの動くちょっとした小さな動きを伸ばすということが割に得意な方であります。しかし、そういう攻撃性をもった子どもというのは、実は、私が不得意なんですね。おそらく、皆さんの中には逆の方もあろうかと思う。そういう子どもは得意だが、ちっとも動かない子どもは不得意だというようなそれぞれそういう向き、不向きがあるだろうと思います。私のそういう自分の傾向というものをそこでまた知らされるわけでありますが、そこで、そのことから、私は何人かの子どもについて、自分から積極的に親しみを向けるということが、それがたいへん大事だということをもう一度思い返して、いろんな子どもに自分から親しみを向けるということをやっていくことによって、パッと事態が開けるということを、同時にその頃いくつか体験いたしました。

　今のＳ君についても、来たときにすかさずに、私のほうからその子に近づいて行って、そしてその子に親しみを向けるということをできるだ

けやろうと思ったんです。それまでは、自分でも気付かずに、S君が人をやったときに、こっちから手をつかみに行ったということが多い。はたしてそのように私のほうから近づいていくと、その子はまた別の顔を向けます。そしてそのS君をできるだけ言葉で誘って、校長室に連れていくことをやってみたんです。

はじめは拒否したんです。だけど拒否したときに、手をつかんで引っぱって行くというようなことをしたら、これはまた同じことの繰り返しになる。一生懸命に言葉で「ねえ、先生の部屋に行って遊ぼう。先生と一緒に遊ぼう」と何回も何回も言っているうちに、その子が「うん」て言って、手をつかまないでもついて来たんです。

そして私の部屋に来て、するともうすぐにそこで紙とマジックを出すと、いろんなものを、字を書くんです。竹ノ塚、中目黒など。ああ、よく知っているねえなんて言うと、大喜びするんです。ところが字を書くと大喜びするのだけれど、次の瞬間にはその字をまっ黒に消してしまう。自分を否定するんですよね。自分でした所業を自分で否定していくんです。それがこの子の今までの生活経験なんでしょう。

それから電話をかけるんです。職員室と校長室と両方に電話があって、内線ですから職員室が60番で校長室が61番です。60番から61番に電話をすると、それで通じるわけです。それで電話をして、お互いにおしゃべりする。それから、その子は扉を私の目の前でピシャンと閉めるんです。それから開けるんです。そしてもう顔をみつけてケラケラ笑うんです。つまりイナイイナイバーです。まあ、今のその生活歴をちょっと考えてみれば、その子どもが小さいときから、イナイイナイバーなんていうこんな簡単なやりとりを、もしかしたらしていなかったんじゃないかということを、私は想像するわけです。

自我の形成

　実は想像するといいましたけれど、私は保育において子どもの既往歴を知るというようなことは、本質的なことではないと思っているんです。その事実を確かめるために、お母さんにいろいろ聞くことも可能でありましょう。しかし、それをやってみたところで、それは保育すること自体にとっては本質的なことにならないんじゃないか。むしろ、いくらお母さんに聞いてもどうしたってわかり切れないことがたくさんあるに違いない。こちらが期待した通りの答えなんて、もちろんあったとすれば、むしろこちらで勝手にその部分をとってることかもしれない。

　これは case study とか therapy とかあるいはお医者さんのことになれば、既往歴を丁寧にたどることからはじめて、現在の方針を決めていくというようなことをするのが常套かもしれない。しかし、私は皆さんご承知のように保育というのは、出会ったそこから始まると思う。そんな既往歴を聞くんじゃなくて、その出会ったそこで見て知ることができたことに答えていくところ、それを積み重ねていくところが、これが根本だろうと思う。

　そこでその子とそうやっていると、イナイイナイバーをこんなに喜ぶ。それは、この子にとっては、その部分が欠落していたんじゃないか。1～3歳の自分自身が形成されるときに、自分がどうふるまったら自分が喜んでもらえるのか。自分が自分でこれだけのことができると思うことが、それが人から否定されたら、自分ができることと自分ができないこと、それらがゴチャゴチャになってしまってわけがわからなくなってしまうんじゃないか。そういうところが形成されるのが1～3歳のそのへんでしょう。

　今日は、こんなところに本を持ってきてなんだか恐縮だったんですけど、1歳から2歳ころの自我の形成ということについて、自分の所の子どもを題材にしてひとつ本を作ってみたわけなんですけれど、それらの

ことを考えてみると、ちょうどそのころに、この子どもは本来ならば経験しているはずのことを経験していなかったんじゃないかということが当然考えられる。

　まだ小さいそれくらいの頃は、親も他の大人もそういう子どもをコントロールすることは割に簡単なんです。泣きわめいても部屋の中に置いておく。そして、ほったらかしておけば、しだいにくたびれて泣かなくなってしまうとか、それからオンブしたりしょったりしたって、すぐにもう気がまぎれてしまうとか。そういうふうなことで、１〜３歳の子どもは、そんなに大事と思わないで、そうやって本来体験すべきことが体験されないままに過ごさせてしまうことが比較的容易な時期になってしまう。

　だけどそれが今度は、もう一度その体験していなかったことを、５歳６歳あるいは７歳８歳になってそれをやろうと思ったときには、イナイイナイバーひとつやるんでも、ドアをピシャンパシャンとこうやって、大声でゲラゲラ笑わなくちゃならない。それから背中にしょって歩くんだって重いからたいへんです。そこでそれをもう一度やり直さなくてはならないんだけれども、それがたいへんに拡大された形でやり直すというたいへんさが実はこれが障碍児の問題なんじゃないか。

第二次障碍の問題

　つまり障碍ということの第二次障碍の問題です。第一次障碍と第二次障碍ということを考えますと、第一次障碍というのは、実は話は簡単なんです。耳が遠い、目が見えない、あるいは知能が少し遅れている、発作がある、こういうふうなことは、それ自体は、それはもちろん回復できない一つの重要な問題でありますけれど、それを一つの生まれながらの条件として、人間として育つことができる。これが第一次障碍の問題です。

ところが第二次障碍は、第一次障碍があるために、もう育児を放棄してしまうとか、投げやりになってしまうとか、それから幼児期に、もうこんなことさせてもしょうがないというようなことから、育てることの欠陥から人間として育つことができなくなっているのが、これが第二次障碍です。これはもう今の障碍児の問題にいつもついてまわっている。
　恐らく、私どもの所に来る障碍児は、私どものところに来る前に、どれだけたくさんの病院を回っているかということは、もう教えきれないほどです。それはもう最初の調査票に病院を回ったところなんていうのを書いたのを見ただけでも想像されます。病院をあちこち回っているというその間は、いったい子どもはどうなっているんだろう。もっとこの子どもは他に良くする方法があるんじゃないかと親がそう思って、その子どもを連れ回っている間、その子どもは拒否されているんじゃないか。その子どもの存在自体に価値が置かれてないんじゃないか。良くならなかったら、その子どもは存在価値がないと思われているんじゃないか。そうやって２年も３年も過ごしているその時期の、いわば何といいますか、その子どもにとっては、実はそれは暗黒の世界じゃないかと思う。そういう時期を、私は想像するんです。恐らくその想像を裏付けることだってできるんだろうと思うんですが。
　そして、私どものところに来たときには、もうその状態で最後の終着点で来るわけです。そこから解きほぐしていくわけですから、たいへんなのは、あたりまえの話なんです。それから、これは障碍児の話ですけれども、実は障碍児の話に限らないんじゃないかと思う。第二次障碍、これはまさに現代の負っている問題なんじゃないか。普通の子どもでもすべてが理想通りなんていう子どもは、あるはずがないし、まさに親がそういう理想をつくるんですから、その理想に合わないものは、親は何とかしようと思ったり、それを強制しようと思ったり、それを引き伸ばそうと思ったりする。そういうことをやっている。それに血道をあげていればそこには普通の子どもであっても、そうした第二次障碍、育

児障碍っていうものは起こって来るんじゃないか。それから普通の幼稚園だって保育園だって、こうした問題がもっと軽い程度でもういっぱいいっぱいあるんじゃないか。

🍃 Sくんと私の時間

さて、今、話をS君のことにもう一度戻しますと、そのS君は、私との間でそんなことを私の部屋でやるんですね。そして今度、また皆のところに出ていくと、もうとたんにまたとびかかってやるわけなんです。

ちょっとまたここでもう一つ話をさしはさみますが、もう一人H君という子どもがいる。私はこのH君という子ども、去年の4月に入って来たばかりで、私も一番最初の日から、その子どもとつながりをつけることができた。その子どもを巡って私はパスカル*の「繊細の精神について」というあのことをいくらか考えてものを書いたりしたんですが、そのH君が私のことをたいへんに信頼して、そして私との間ではよく遊ぶんです。ある日そのH君が私の部屋に来て、すごく楽しく過ごしたんです。私はそのH君が来ている間じゅう、ああここにあのS君がとび込んで来たら困るなあと、実は心の中で思いながら過ごしていた。そのH君が、私の所で過ごす時の仕方はどういうのかというと、絵を描くんです。そしてそのH君は、今この5、6、7月パトカーを描くんです。ピポピポピポって言って。それからそういったものをいっぱい描くんですね。私に描かせるんです。そのときは私にパトカーを描かせて、私が車輪をつけて、そのうちにそれ切り抜いてやりますとね、そのパトカーの車輪を全部はじからもいでいくんです。車輪だけをもぐんです。いやあ、実

---

* Blaise Pascal (1623-1662) フランスの哲学者・数学者・物理学者。大気圧・液体圧に関する業績や円錐曲線論や「人間は考える葦である」という言葉は有名。今日では実存主義の先駆者とみなされている。著『パンセ』など。

に不思議なことをするもんだと思って私も実に不思議な思いをもってそれを見ていました。

　あとでそのことについて職員の間で話をしたときに、私は教えられた。実は職員というのは私の所には8人の専任の職員がいて、それからそれに非常勤の職員が何人かと、実習生が十数人。それでそういう人の話を聞くというのはたいへんためになるんですね。

　そのH君がパトカーを描くというのは、パトカーというのは人を守るものです。自分を守ってくれっていうことだろうというわけです。そのことを聞いて、ああ、それはもうそうに違いないと私も思って、その子はパトカーを描いてやると、それでもう本当にいい顔をするんです。その子は下に2人双子の弟がいるんです。その弟たちは言葉もどんどんしゃべるし、優秀なんですよね。考えてみれば、その子は弟たちにいつも追いかけられてます。いつもその弟たちが、一つのものをH君が欲しいと思っても、その弟がもう一人取るというと、そこで取り合いが始まるんですが、普通の家ならばそれは一対一なんです。ところが双子の兄弟が合致してグッとくれば、一つのものを取るんでもその迫力が違うわけです。そこでこれはいつでもその子は、そうした脅威にさらされている。それでは「守ってくれえ」という気持ちにもなる。

　それから、自分が乳母車に乗って押してもらうという期間も本当に短くて、あとは弟たちの方に乳母車をとられてしまっている。だから昨年ある時期は、その乳母車に乗せてお母さんが一日歩いているような時期もあったんです。幼稚園に来てお母さんが、一日その子を乳母車に乗せて歩いているなんていうのは、いったい何で集団教育の場としての意味があるかなんていうのを問われるかもしれない。だけれども、その話を考えてみれば、それは非常に重要なことだと思うでしょう？　お母さんが学校に来て乳母車に乗せて一日歩いているというそのことそれ自体が、ものすごい意味のあることなんです。他にどんなに制作をやり音楽リズムをやるなんていうより、その子にとって大事なことなんです。

第2章 理解するということ

　その子がパトカーをそうやって描いて、守ってくれと言っているところに、はたしてS君がとび込んできた。そうすると、僕がH君と一緒に仲良くやっているのを見ると、もうS君はそれだけで心波立ってそしてひどく髪の毛を引っぱる。片方は泣きわめきます。片方は目をつり上がらせてそうやります。それで僕はその子をもう守るためにはまた逆に、S君の方に一生懸命になってかかわらざるを得ない。

　最初はもう少し楽観していまして、S君とH君が一緒にそういう場面になれば、二人いる場面で何とかしていくことが、これが保育じゃないかと思っていました。だけどもとてもそんなことじゃ収まらなくて、それでとうとう応援を求めて、H君は他の人に委ねて、S君は私がそうやって相手をせざるをえなかった。

　なんだかこんな話をしていると、本当に現象の話ばかりで、あんまり理論の話じゃないようなんですけれども。そのS君、私と部屋で過ごしてまた外へ行くと、今度はまた、他の子どもの髪をひどく引っぱるんです。その子はそういう時に気をまぎらわせて他の方に気をそらせる。他の人にいい顔したり遊んでもらったりというようなことを求めるんですね。それをするよりも、私は髪の毛を引っぱるということが、それはしちゃいけないんだということを、私が腕をつかむことによってではなく言葉をもってその子に言うということによって、それをわからせなくちゃいけないだろうと思ったんです。

　それで、その子が引っぱったときに、私は今度は対決型になり――小さな子どもと対決するというのは、私は普通はそうはやってはならないことだと思っています。それをやって失敗したことが、私のいろいろな場面の中でもいくつもあります――ウヤムヤにしないで、髪の毛を引っぱるということについて何とかしなくちゃならないと思って、その子が髪を引っぱったときに私の所にとどめて、そしていろいろ言ってやったんです。そうしたら、その子はよそに行かれないものですから、怒りました。そして地面にひっくりかえって、自分一人でとびはねて怒りました。だ

けどその後シュンとした静かな時間があった。そして私と二人でシュンとした静かな時間をもつと、そのあとケロッとした顔をして、また野球しようかとか、自転車乗ろうかとかいって遊び始めました。そういう時間というのが、私はやっぱりこれはその子と私との時間だということが、よくわかるような気がした。そうやって実は5月、6月を過ごしました。

　その中にはいろんな話はあるんですけれども、ちょっと一つエピソードをお話ししますと、私の部屋に入るときに、よそから電話がかかりました。電話がかかると、その子は何が話されるかということについて非常に敏感なんです。よそからかかった電話にサーッと駆けて行って、それを自分が取ってしまいます。

　そのときに私のところにかかってきたのは、文部省の審議官からかかってきたんです。その子が出た。私は急いでかわって、私が話している間、その子はワーワーわめいて、しまいに涙流すんです。私は、これはただごとじゃないと思った。それで、今ちょっと子どもがいてゆっくり話せないから後にして下さいと言って電話を切って、そして午後から大学局の審議官に話して、「さっきはどうも」なんて言ったら、「いやあ、そうやって子どもと、とっ組んで下さる方があるから世の中は助かるんです」なんて言われて…（笑い）文部省の人とそんな話をしたのは、私は生まれて初めてでありました。そういうことを、その子はさせてくれました。だけれど、その子が電話に飛び出していくということは、そのときには、あっ、こんなことをやられたらたいへんだと思うのだけれど、ちょっとすぐ後には、それは当たり前だなとこう思うんですね。

　小さいときからソファーから飛び降りただけで下のうちから電話がかかってくる。お母さんが何の話をしているのか、小さいながらにそれには敏感にならざるをえない。それを考えれば、その子が私が電話で話している間に非常に深刻になる、これはもう当たり前だろうとこう思ったんです。そんなことがずっとあって。

反復する行為

　そしてここでもう一つ差し挟みますのはフロイト*の論文の中にこういう論文があるのをその頃読んで、これは私は非常に教えられた。『早期反復徹底操作』というフロイト著作集の第6巻の「自我論」の中にこういう文章があります。

　「極めて重要な体験のうちで特殊な種類のもの、幼児時代のごく初期に起こったもので、その当時は、幼児の自我に理解されることもなしに、ただ体験されただけであったが、その後になって成長した自我がそれを理解し、解釈することができるようになった体験を、言語的な記憶として呼びさますことは、ほとんど不可能である。そのような体験は夢、すなわち言語以前の視覚像によって認識することができる。」

　ちょっとサッと読んだのではわかりにくいことでありますが、ちょっと解説をしますと、極めて重要な体験のうちで、特殊な種類のもの、つまり幼児時代のごく初期の体験の中で、その当時は幼児自身に理解されることもなしに、ただ体験だけされていたものがあると。それは、その後になって成長したときに、理解し、解釈することができるようになった時に、それを記憶として呼びさますことはほとんど不可能だ。そういう幼児時代のたいへん大事な体験そのものは、もう忘れ去られてしまっていて、あとになっては言語的にこれを記憶としてとり出すことはほとんど不可能だ。それは無意識の形であるから、夢あるいは言語以前の視覚像の形で、それが意識に呼びさまされる。

　幼児時代の非常に深刻な重要な体験も、子ども自身には、それは意

---

*　Sigmund Freud（1856-1939）　オーストリアの精神医学者。人間の精神生活を、無意識の領域内に抑圧された性的衝動（リビドー）の働きとその制御という観点から分析することを提唱し、精神分析を創始。著『夢判断』『日常生活の精神病理学』『精神分析入門』など。

識的には記憶としてとどまらない。大人になった段階で、それは夢として夢の中に出てくる。あのフロイトの1900年に出た『Die Traumdeu-tung*（夢の解釈）』という本は、あれは実に20世紀の著作の中でも秀逸な著作だと思いますが、それに示されているように。さらに続けてフロイトはこういうことをいいます。

「要するに、被分析者、すなわち子どもは、忘れられたもの、抑圧されたものからは、何ものも思い出すわけではなく、むしろそれを行為にあらわすだけである。彼はそれを言語的な記憶として再生するのではなく行為として再現する。彼はもちろん自分がそれを反復していることを知らずに行動的に反復しているのである。」

つまり子どもは、非常に深刻な小さいときの体験があったときに、それを大人に対して言葉で伝えてはくれない。子どもはそれを行為として反復するのだ。大人の方からいうならば子どもが何度も繰り返して反復する行為を手掛かりにして、その子どもの重要な幼児期の体験をそのことから知っていくのだということです。

まさに私どもが、今こうした子どもを扱っているときに、その子どもが本当に深刻に自分の生活体験の中で受けとめていることは、反復してなされる行為そのものから私どもが読みとっていくよりほかないのではないか。また反復してなされる行為というものは、それは我々にとっては見逃がしていくことはできない。ただ道徳的、倫理的価値判断でさばいていくこともできない。このS君という子どもが他の子どもの髪の毛を引っぱる。反復する行為であります。その反復する行為そのものの中に、やはりS君の体験の中の非常に深刻なものを私どもは、読みとるべきではないのだろうか。

第一の例で申し上げた象徴的な遊びにおいては、そこであらわれるものは、これは遊びの形として、保育によって生みだされるものであった。遊びの形で保育によって生みだされるものは、これはある種のふくらみのある楽しさをともなっております。

第2章 理解するということ

　髪の毛を引っぱるということは、これもまた、自己実現と考えることができるのだろうかということを私は何度も考えました。それにはあまりにも、その波及して及ぼす影響は大きく、それは攻撃的な色彩を帯びています。象徴的な遊びとは言い切れない。しかし今、フロイトがいったようにいってみれば「遊び」、これも、もしかすると遊びの一種といってよいのかもしれないんですが、今、私にはなんともはっきりとそうは言い切ることはできないんですが。

　こうした反復する行為そのものは、これは、その子どもの忘れ去られた、しかし深刻な体験そのものに起因しているのではないか。ただこの子どもが去年もまた同じようなことをやったんですが、今年になってなおその行為が激しくなったということはどう考えたらいいのか、これは先ほど言った象徴的な遊びの場合とやや似たように考えられるのかもしれない。

　つまり特定の人との間、あるいは特定の場所における複数の特定の人々との間に信頼関係ができ、安心して自分の本来の姿を露呈して行動することができるようになったときにその子どもは、いよいよその子どもの本心をあらわすだろう。とすると、この子がこんなにも攻撃的な行動を出したということは、これはやはり望ましいかどうかはわからない点もありますが、やはり保育の一つの成果であるかもしれない。そして、これを通してその子どもは、今この子の抱えてきた幼児期の深刻な体験と、また現在当面しているこれらの問題を、この子どもは乗り越えていくのではないか。これが保育ではないか。

　こういいながら私は、はたしてなしうるかどうかというまだ未完結の

---

*　「夢判断」とも訳される。フロイトは夢が主体の心理的世界をよく表していると考えて科学的な研究の対象とした。夢には「要素とその翻訳との間に恒常的な関係」、すなわち「象徴化という歪曲」があり、フロイトはいくつかの性的象徴を指摘している。

事柄をお話ししてしまっていますので、非常に心の中にまだ迷いをもちながら申し上げているわけであります。

育てるコミュニティ

　もう一つ付け加えておくと、子どもは今、私との間、男性との間であります。子どもは保育者を一つの手がかりにして、自分の抱えている問題を明確にしていくんだと思うんです。その保育者が女性であるか男性であるかということは重要なことだろうと思うんです。子どももまた男性か女性かいずれかである。保育者も男性か女性かいずれかである。そのいずれを手がかりにして展開していくのか。これはちょっとまたさらにもう少し展開していく問題になりますので、今日はここでやめておきましょう。

　6月の末になって、このS君がもうずいぶん私と信頼関係がついた。もう私はこの子がどこに行こうと安心して手放しでみていることが多くなったんです。それでも相変らず人をやるんですけれども。

　そのときにある日S君が、また弱い子どもの髪の毛を引っぱりました。強く引っぱりました。私はそこで、S君の靴を脱がせて、靴下を脱がせて、S君はギャーギャー言いました。片方靴を脱がせて、靴下を脱がせたんです。そうしてS君は、ちょっとでも泥がつくのをいやがりますから、じゃあ足を洗ってこようと言って、S君の手を引いて、足を洗いに行くにも、もうちょっとこの足を泥で汚してみたいと私は思った。庭をひと回りして、ちゃんとS君はついて来たんです。足をひきずったような格好をしながら、庭をひと回りして。そして水場で足を洗うのは、部屋の中の水場で洗ったんじゃ広がらない。もう少し広がりのある所で足を洗ったほうがいいと一瞬思って、私は庭の足洗い場にS君を連れて行きました。そうしてそこでS君の足を洗ってやって、片方しか脱いでいませんから、もう片方も脱ごうかと言ったんです。「うん」て言う

第2章　理解するということ

んです。それでもう片方も脱がせました。そうしたら、S君は水で両方の足を濡らして、ズボンも脱いじゃおうかって言ったんです。素っ裸になって、S君は水遊びをしました。

これは一つの転回点だろうと思うんです。お母さんが迎えに来てそれを見て、「水遊びをするなんて、生まれてはじめてです」と言うんです。S君は水遊びがおもしろくておもしろくて、キャーキャー言うんです。今までは他の子の髪の毛を引っぱることに喜びを感じていたのが、今度は水で遊ぶことに、物質で遊ぶことに、S君は喜びを感ずるようになった。そうして水で遊んで、家に帰ってからも、水遊びをやったそうです。

その次の日は、私は大学の講義だったので、私は行かれなかったのですが、他の人と水で遊んだそうです。翌週も。そして4〜5日したら風邪ひいちゃったんです。それでもね、まあいいやと思いました。それでここんとこずーっと風邪でお休みが多いんですけれども、でもそれは一つの転回であること、これまでは、私と二人の間でやってきたことがかなり核になっていたんですが、それから後は、私との間だけではなくて、むしろ誰とでもよくなった。いろんな人になっていった。保育者は、どの人も対等な位置をもっていった。

ここに私はセラピーと保育というようなことを考えてみました。セラピーというのは一対一の関係でやっていくもので、これはそれで一つの位置のあるものであります。今、保育においても、一対一でやる必要性のある子どもが生じるわけなんですが、その一対一が複数の子ども、複数の大人の中でこうやっていった場合ごく自然に一対一から一対多になっていく。子どもとすれば1人の大人ではなくて、2人3人4人5人の大人と交ってもかまわないんだというそういうことが、子どもにわかってくるし、大人のほうも自分だけがすべてを抱えるんじゃなくて、他にいる人たちと一緒にこの子どもを抱えていくんだというこの基本が、もっとはっきりと認識されてきた。

で、私はここに一人の子どもを中心にお話をしてきましたが、同じよ

うなことが、今度は他の子どもについて、他の大人、他の先生が、今私がS君のことでお話ししたのと同じように、その子をめぐってそうした展開をしていくわけです。そしてそこで複雑なからみあいができるわけですが、そこで私は「保育するコミュニティ」というようなことをしきりに考えるんです。「育てるコミュニティ」つまり子どもを保育するというのは、一人の人がつきっきりでやるわけじゃない。一人の人が核にはなる。しかし何人もの人がかかわって、一人の子どもがそこに育っていくんだ。そして広くいえば社会全体かもしれませんけれども、狭くいえば、こういう幼稚園とか保育園とか学校とか、あるいは家庭ひとつひとつです。

そこでいろいろな考えを出していく間に、そこに共通の理解も深まります。そうした保育するコミュニティというものが、これは人間を育てるコミュニティです。それができていくんじゃないかと。その人間を育てるコミュニティという、これは人間の生活そのものの中に育てるということの側面があるんだと思うんです。経済の側面もあるし、政治の側面もあるし、人間生活というのにはいろんな側面があります。

その中の重要な一つとして「育てる」という機能が、人間の生活にはどこにもあるんじゃないかと思う。これを近頃の現象学的教育学の人たちの言葉でいえば、"Pedagogic aspect of life" というようなことをいっています。生活には育てる側面がある。Pedagogy*という言葉はむしろ日本語にすると私は「保育する」という言葉に近いものと解していいんじゃないかと自分なりに理解していますがEducationalというと、どちらかと言えば学校教育のことをすぐ思い浮かべてしまう。Educational aspectといってもいいわけですが、もっと "Pedagogic aspect of life" というのがあるんじゃないか。そういうような中では、生活することそのものの中で、学校とは限らずに、どこにでもお互いに育てあう側面というのをもっている。

もう一つ、先ほどのH君というパトカーを描いていた子どもについ

て、ちょっと一言だけ言っておきますが、H君のほうは、パトカーを描くように自分を守ってもらいたいということなんですが、その子はS君が怖いだけではなくて、ほかにも怖い人が何人かいるわけなんです。その子が来はしまいかと思って、いつも出口の開け閉めの音に気を配っている。このH君にとっては、私と親しく遊んでいるときに、S君がとび込んできて、それを中断されるということは、これは何かとんでもない非教育的な場面なようにも考えられます。私も、実際ここで一体H君がどういう思いをもってここを去って行ったろうかということを考えると、何かこうたいへん気になった。

しかし実は、H君にとってはS君だけがおびえる対象じゃなくて、その下の弟たちについても、その子は怖いものをもっているんです。その怖いおびえるものを、どうやって乗り越えるかということが、H君にとっては、今、当面している問題なんです。

とすると、やはりこれもS君がそこにいて、そうした激しい行動をしたということ、そんなにまで激しい経験をしなくてもよかったかもしれないけれども、しかしそれは決してマイナスとだけは言い切れない。それからH君は、引き続く何日かの間に、何週間の間に、H君自身がおびえるものをおびえなくなる体験を今やりつつあるのではないか。また、それを何とか成功させてやるのが、これがまた保育者の任務ではないか。たまたまそこに集まって来た人たちで結成される集団であります。

これがもし仮に、非常に計画的に同質な子どもを集めたとしても、やはり同じようなことが起こりうると思う。複数の子どもを集団で扱うということは、多かれ少なかれ、こうした問題を伴うわけであります。これほどまでに激しく攻撃される必要はないんだと思うんだけれど、でも激しさをいくらか緩和させつつ、もう一人の子どもにも何とかプラスに

---

* ペダゴジー。子どもの教育の理論。ギリシャ語でpaid（子ども）、agogos（指導）の合成語。

なるように工夫していくのが、これがまた、保育者の力ではないか。こう考えれば、H君にとっても、この経験は決してマイナスとは言い切れない。

終わりに―理解することと理解できないこと

さてそろそろもうお話をおしまいにいたしますが、私は今ここで最初に「理解すること、理解できないこと」ということを申しました。今こうして私がS君のことや、あるいはこの最初のT君のことなどをずっと考えてくると、保育のこうした実践の経過の間に、最初は理解できなかったことが次第に理解できるようになってくるということもまた、知るわけであります。

しかし、なおかつ、理解できないことというのがどうしても残ってくる。今進行中のこれらの事柄について、理解できないことがいっぱいであります。この理解できないというのが、むしろそれが本質をなしているんじゃないかと私は思うんです。その中のごく一部が我々に理解できるかたちになるのであって、その根本はむしろ理解できないことに満ちているような気がいたします。

今、私が割に理解できるようになった子どものことを中心にお話ししましたから、理解できたような気もするわけであります。けれどもまだまだ他に何人も何人も、あの子もこの子も、何でこの子はこんなにも自分をも苦しめ、人をも苦しめなくちゃならないのかという子どもが何人もある。そしてまた、私どもが保育でもってそれを一生懸命日々一緒に過ごしても、外から見たところでは、障碍児は相変らず障碍児であり、決してそれが優秀児になるわけじゃない。それは、障碍児は相変らず障碍児であります。

そうしたことを考えると、いったいこういう理解できないことの中に我々はむしろ投げ込まれている。実はそれは今、障碍児だけの問題では

第2章 理解するということ

ないと思うんですが、障碍児の問題は、たいへんわかりやすいので、そこで言いますと、障碍をもった子どもは、障碍は決して治らない。相変らずそのままで一生涯それを引きずっていかなくてはならない。まわりの大人もです。そのために、もう何人もの人がこの一人の障碍児を負うために、背中を痛めたり、そのために苦しんだりしていきます。

　だけれど、そのためにまた、障碍児であってもそれでまた、生きる道が見いだせます。そういうこと自体何かこれは非常にすっきりしない、理解しきれない事柄であります。実はそういうことを考えると、理解できないことのただなかに我々は投げ込まれており、それはまさに人間の生活そのものが、理解しきれない。ある意味では悲惨なことの中にある。それが人間の存在じゃないかというような、そういうことまでも考えてしまうわけなんです。しかしまた、その中から理解できることをとり出しつつ、そうやっていくのが、また保育であろうかと思います。

　障碍児の保育と、普通児の保育が、いったいどこが同じでどこが違うのかという疑問を、私は非常にしばしば考えます。具体的には違うことがたくさんある。しかし子どもに即して、こうして考えていくことにおいて、子どもに即しつつ、しかも大人たちの社会の中で考えていく、その中間に立ってやっていくのが、保育者の働きである。そういう点において、子どもと取り組んでやっていくそのことにおいて、障碍児の保育も普通児の保育も共通の問題であろう。しかし私は今、目下このことをしきりに考えているところであります。

　何か考え中のことばかりで、現象だけはおかげで私も毎日現場に出るものですから、たいへんおもしろいというか、困る、苦しむことがたくさんありながらも、材料ばっかりたまりまして、それを考える頭の方が追いつかない次第であります。この次にお話しするときには、もう少しましになっていたいものだと思う次第であります。今日はどうもありがとうございました。

第3章

精神科学としての教育学

　伊豆の富戸での夏のはるにれ合宿での講演である。テープには、津守先生の声のほかに、同じ音量で遊び続ける幼児たちの声が記録されていた。聞いている母親たちは気もそぞろだった。その中で、原書を片手に先生は最もカタいお話をされた。子どもの行動の解釈の理論的基盤についてである。

　「誰か聞いてんのかな?」と最後に顔をあげた先生。笑うしかなかった聞き手たちであった。

精神科学という考え方

　ヘルムート・ダンナー*という人のMethoden Geisteswissenschaftlicher Pädagogikという、精神科学としての教育学の方法。少し細かくなるかもしれないけれども、比較的忠実に紹介した方がおもしろいと思いますから、ある部分をそのように紹介してみましょう。

　まず第一に、精神科学としての教育学とはいったい何であるかっていうことです。それは、方法の問題に関連します。方法っていうのは、メトドス、つまりこれはギリシャ語で、ある道に沿って目的に達するという、そういう意味をもつ言葉です。で、我々は方法ということを考えるときに、どういうことを課題とし、どういうことを目的とするかによって、適切な方法を選ぶのであって、方法が最初にあるのではない。ところがしばしば、我々学問の俎上では、方法に絶対的信頼をおいてしまって、目的や対象を見失うことがある。これが現代の科学の陥っている状況ともいえるわけです。

　自然科学における方法論というものが、我々の時代にはあまりにも絶対的なものとして信頼されるようになってしまった。つまり、実証的・実験的な方法論です。経験的なものに絶対的信頼をおいて、それを、統計的・実験的に処理をして、一般的な法則を見いだすということです。その観点から教育を考えると、教育は自然科学の方法を応用しようとして、誰かがどこかでつくった自然科学的方法によってつくられた絶対的な法則と考えられているものを、実際の教育的観点に応用することになって、教育者はそれを実施する単なる道具になってしまう。

　それに対して、ヨーロッパには昔から、精神科学としての科学という考え方の伝統がある。そういうことを、最初に言っているわけです。ちょっともう一度、今言ったことを少しくどいようだけれど、もう一度この本に沿って少し紹介したほうがおもしろいでしょう。

　「方法はあらかじめ定められた目的に達するために、決まった道を、

どういう道を辿ったらいいかということを指し示すものである。方法は、我々が疑問に対して、適切な答えを与えてくれるかどうかによって、決められてくる。したがって方法は、方法そのものだけではなくて、方法を取り囲むより大きな連関の中で考えられなければならない。」

まあそういうところからこの人は、精神科学としての教育学を、3つの分野に分けて説明していきます。

第一はヘルメノイティーク (Hermeneutik) です。第二は、フェノメノロジー (Phänomenologie) です。第三はディアレクティーク (Dialektik) です。第一の、ヘルメノイティークというのは解釈学。第二のフェノメノロジーというのは現象学。第三のディアレクティークというのは弁証法。そして、僕ちょっと今、ごちゃごちゃと言いましたが、そのヘルメノイティークに入る前に、この方法論、精神科学についてもう少し、この著者のいうところによって説明を補足していきます。

教育学を科学として考えることは、方法論を第一におくことじゃない。方法は用いるものであって信じるものではない。方法が先に決まって、そして対象が次に決められるということも、自然科学の方法論では行われるのだけれども、そうではなくて、対象が方法を決める。自然科学が技術的な傾向をもつのに対して、経験科学である精神科学においては、対象自体に語らす。そこで、精神科学における方法論は、方法そのものを孤立して取り出すことは困難であって、方法は世界観・人間観の表現を伴ってくる。

＊　Helmut Danner（1941-）　哲学博士。ミュンヘン大学で哲学、教育学、音楽学を学ぶ。1970年、ハイデガー研究で博士号取得。著『教育学的解釈学入門』『意味への教育』など。

精神による理解

　それでは、自然科学的方法論ではない精神科学的教育学はどういうものであるか。ディルタイ*がいうには、自然科学は現象の外から現象を説明しようとするのであるけれども、歴史の現象は外から説明されるのではなくて、内側から理解されなければならない。体験している者の精神によって、理解されなければならない、全体というのが要素に分解されるのではなくて、全体性の性格を保ったものとして、理解されなければならない。つまり全体の性格を保ったものとして記述され、その中に色々な部分が分化してくるのである。

　ガイステスヴィッセンシャフト（Geisteswissenschaft）、つまり精神科学というのは、これは英語で言えばヒューマニティ、つまりサイエンスとヒューマン。つまり、人間を人間にするもの。精神科学は、人間を人間にするものである。人間に精神があることによって、人間は因果関係から解放される。外から理解しようとする場合には、ある現象をその現象の外にある原因から説明しようとするから、原因と結果という因果関係になる。精神は、そういう因果関係から人間を解放する。

　私が、今日何かをするか、あるいは何かをしないかというのは、私の精神に属することである。そして何かをすることによって、そこに生じることは、私がするのであるから、その結果は私に返ってくる。私がしないということも、私がしないのであるから、私にその結果は返ってくる。つまり私は、そのことに対して責任を引き受けることになる。その意味で、私というのは歴史の外に生きるのではなくて、歴史に責任をもつ、歴史をつくるものになる。つまり歴史性っていうのが、人間の本質を形成するのだ。

　そこで、人間は社会的・歴史的環境に規定されているという考えは、非常に一般的であるけれども、実はこのように考えてくると、人間は社会的・歴史的環境に規定されるのではなくて、その中に結ばれているの

だ。アインビンデット（einbinded）、その中に結ばれているのだ。そこで、教育が科学であるためには、教育は精神科学に関心をもつのであって、このような教育学を精神科学的教育学と呼ぶ。

文化と社会の中での教育

　この教育ということの意味ですけれども、教育にはエアツィーウンク（Erziehung）とビルドゥンク（Bildung）という2つの側面がある。エアツィーウンクというのは、子どもの中にあるものを引き出すということ、ビルドゥンクというのは形成することです。これはもっと別の訳をすれば、教養。教養というのは、これはビルドゥンクという字引の上での訳語です。つまり教育というのは教養と関連があるんですけども、教養とか文化とかいうのは、人間が形成するもの。教育とビルドゥンク、つまり形成することとは常に、ガンツェンメンシェン（Ganzen Menschen）、つまり全人間に関連している。思考と感情と意思の統一体であるところの全人間に関連している。

　で、教育状況というのは、子どもだけによるのではなくて、教育を委任された、子どもの教育を委任されたその歴史的・全体的状況が、そこに関連している。個々の教育はそのように、全歴史的・全体的な関連の中で、与えられた目的を遂行することになるのだが、人間像と価値がその目的に常に付きまとっている。つまり教育の目的には、教育的意味また人生の意味を切り離して考えることはできない。そこに、自然科学的・数量的な方法によっては捉えられない、教育の質的な問題が存在している。

＊　Wilhelm Dilthey（1833-1911）　ドイツの哲学者。生の哲学の立場に立ち、精神科学の基礎付けを試み、歴史的世界をとらえるための方法として体験・表現・了解を基礎とする解釈学を提唱した。哲学史・伝記・文化に関する著作が多い。著『精神科学序説』『解釈学の成立』など。

意味とか価値とか目的は、教育的出来事だけではなくて、教育的な出来事を越えるより大きな関連の中にある。つまり、それは、クルトゥール・ウント・ゲゼルシャフト（Kultur und Gesellschaft）、文化と社会の中での教育が意味をもってくる。つまりこれが精神科学的教育学の一般テーマである。

　精神科学的認識の過程には、その認識の内部に、サブジェクトとオブジェクトの認識がある。教育のことを考える主体と、それから相手の客体・対象。主体は客体に参与し、その両者は相互に密接な関連を保っている。主体が客体の外に立って、外からそれを支配するのではない。主体は常に客体によって、性格づけられ、客体はまた主体によって、意味を変えられていく。この全人間のトターレンアクト（Totalen Act：全行為）、全体的行為が、教育的な行為である。

　自然科学においては、法則性が実証性の上に成立する。実証的な事柄の中から法則性が導かれる。精神科学においては、歴史と歴史性、人間性、意味、価値の上にそれが成立する。自然科学は、そこで証明を求める。精神科学は、証明ではなくて、これがそうであると指し示すこと、ヒンヴァイス、証明ベヴァイセンに対してヒンヴァイス、これがこれであると指し示すことを要する。つまり自然科学は証明するための正確さを必要とする。精神科学においては、正確さではなくて、厳格さを必要とする。エグザクトネスとストゥレングネス。

　しかし、ここで誤解のないようにしておかなければならないことは、精神科学的教育学は、規範的教育学とは異なる。規範的教育学ではそのテーマは、ゾルレン（Sollen：当為）である。何々をすべきというそれが、規範的教育学のテーマである。その与えられた規範に向かって努力することが、規範的教育学の課題になる。しかしこのことは、精神科学的教育学には当てはまらない。

　精神科学的教育学は、規範や目的を考慮の外に置くこと、教育的現実すなわち理論と実践、テオリー、プラクティスに重点が置かれる。そこ

では、エアツィーウンクとビルドゥンクつまり引き出すことと形成することが問題なのであって、社会改革をすることが問題なのではない。ビルドゥンク、形成するということは、個の本質にかかわることである。ビルドゥンクというのは、その個の中に統一体をつくることであり、様々な部分が、その中で分化することである。ビルドゥンクは多面的であって一面的ではない。

　一面的な精神文化しかもたない人間を、我々は形成された人間とは呼ばない。また何の中心もなく本質もなく形もないものを、我々は形成された人間とは呼ばない。真の形成とは発達可能なものであり、ノーブルなものである。それは人間の中に、価値に対する力を呼び起こす。理解と体験を客観的文化価値の中に置き換えるものである。生のままの個人は、形成された個人とはいわない。形成された個人とは、生のままのものではなくて形成された人間性である。

　これが、ヨーロッパ教育の非常に伝統的な考え方です。果たして、これが我々の文化において、妥当とされるかどうかは、これはもう一度、よくよく吟味する必要のある問題です。ヨーロッパ的人間形成における精神文化の伝統であって、精神科学としての教育学というペスタロッチ*以来の、非常にあるいはもっと以前からの伝統的な事柄なんですが、しかし私はここで、科学といって自然科学だけを考えてしまって、精神科学というものを考えることをしない、そういうことに対して、精神科学は科学であるけれども自然科学とは方法論も、それからその全体像も非常に違うものだということをはっきりさせている点で、私はこの精神科学と人間科学は、自然科学と分けて考える科学の考え方っていうのは、

---

*　Johann Heinrich Pestalozzi（1746-1827）　スイスの教育家。ルソー、カントの影響を受け、孤児教育・民衆教育に生涯をささげた。人間性の覚醒と天賦の才能の調和的発達を教育の目的とし、近代西欧教育史の上に大きな足跡を残した。著『リーンハルトとゲルトルート』『隠者の夕暮』など。

これは非常に重要なことのように思うんです。

🍃 理解過程の探求

　それで精神科学の問題としてヘルメノイティークとフェノメノロジーとディアレクティークをもってくるわけです。ではその、ヘルメノイティークというのは何であるか。常にその問題、解釈学。この解釈学という問題が、この人のこの書物の一番の詳しく書かれている点で、後の二つも重要なんですけれども、この点が一番特色であると思いますので、このことを少し詳しく進めてみましょう。

　精神科学としての教育学においてもまた方法的反省においても、我々は、フェアシュテーエン（verstehen）、理解するということにぶつかります。理解というような人間の精神の基本的な過程は、科学以前のこととして排除するのではなくて、これこそが科学的思考の対象なのです。その理解過程を探求することが、解釈学の内容です。

　このヘルメノイティーク、解釈学というのは、ギリシャ語のヘルメノインから由来しています。ヘルメノイン、理解するということは、誰かに媒介されなければならない。私が、何かを表明するときに、他人にそれを理解してほしいと思います。ここで、それは説明され、また解釈されます。一つの言語から他の言語、一つの言語のガイスト（Geist：精神）から他の言語のガイストへと、移し替えられなければなりません。もっと端的に言えば、一つの言語から他の言語へ翻訳されるといったものですが、それは言語の問題だけでなくて、その言語を広く理解しているわけです。

　そこでしばしば、ヘルメノイティークはテキストの解釈と考えられます。しかしただ単に、書かれたテキストの解釈だけではなくて、人間と人間との交わり、また人間と人間の所産との交わりにもまた、理解・解釈ということは妥当します。身振りとか、他人に対する働きかけ、物を

つくる、書く、それらのことにみな、ヘルメノイティークが関連します。このギリシャ語のヘルメノインというのは、ヘルメスという神様の名前に由来します。ヘルメスは、神々の使者であります。

　この神様の仕事は、天上の神々の考えを人間に伝えるところにあった。そこで最初は、言語と聖書がその主たるものだったんです。歴史の過程で三つの流れに分かれます。第一は、哲学的で知的ヘルメノイティークです。狭義におけるテキスト解釈で、ホーマーのオデュッセウスのようなものをどのように現代の我々はそれを読むかという、そういう問題。第二は、神学のヘルメノイティーク。これは主として、ヘブライ思想をギリシャ思想にどのように翻訳して伝えるかという問題。第三は、法学的ヘルメノイティーク。過去の判決を現在の具体事例に、どのように解釈して適用させるかという問題。

　最初、シュライエルマッヘル[*1]が、一般解釈学を展開しようとしたんです。語る者と聞く者との関係の根本条件は何であるかという問題に、シュライエルマッヘルは関心をもった。ディルタイがさらに、この精神科学の方法論的根拠をヘルメノイティークに求めました。それから現代は、ガダマー[*2]という人がこれを引き継いでいる。

[*1] Friedrich Daniel Ernst Schleiermacher（1768-1834）　ドイツの神学者、哲学者。プロテスタント最大の思想家の一人。教育の課題は、成長しつつある者の自発性を保護し、またそれを統制しながら、全体生活・文化領域の中に導き入れることとした。著『宗教論』『教育学講義』など。

[*2] Hans-Georg Gadamer（1900-2002）　ドイツの哲学者。ハイデガーの思想を解釈学的に展開し、言語的対話をモデルとする独自の哲学的解釈学を樹立。著『真理と方法』など。

内的なものの理解

そこで第一に、ヘルメノイティークの基礎概念は何であるか。その第一は、ダスフェアシュテーエン（das Verstehen）、理解するということです。解釈学における最大にして最も根本的な課題は、理解するということです。

理解というのは日常、意識されないところでなされています。意識されないでも我々は日常生活の中で、他人のことを、周りの取り囲むすべてのこと、自分自身のことを、理解、ある意味で理解しています。それが理解できないものが現れたときに、そのことが破られます。理解できないけれども理解することの必要が生じたとき、人間は、そこの状況にある根本的な関係が反省されなければならなくなります。フェアシュテーエン、理解はもはや直接的・前反省的な過程ではなくなります。

普通日常生活の理解は、我々がごく身近に直接的に、そして何ら反省することなしに直ちにその場でなされます。理解できない、そこでは理解できないものが生じたときに、普通に日常生活で理解していると思っていたその理解の前提になっているところのことが、もう一度点検されなければならなくなる。

自然界を我々は、外から因果関係と関連づけて説明しますが、精神生活は、因果関係によって説明することはできないので、我々はそれを理解するのです。自然の過程は、原因となる他の過程に結びつけられて考えられます。そしてその根底にある法則性を示すことがその課題であります。それに対してたとえば、身振りはそれが何を意味するかということを、我々は理解するのです。そこで理解とは何かを、人間的なものとして認識することです。そしてその意味を把握することです。

それに対して説明するということは、事実を原因から導きだし、またプリンシプルから導きだすことです。理解という観点からは、「誰かが何かをした」とか、「何かが私にこのように現れた」ということが問題にな

るのであって、何ゆえに彼がそれをしたか、何ゆえに何かがそうであるのかということは問題ではない。理解においては、何かが何かとして私に現れてくる。

　そこで、理解の根底には三つのことがあります。第一は、我々はあるものまたは過程を感覚的に真実なものとして見ています。第二は、我々はこれやあれやを、何か人間的なものとして認識します。第三に、我々はこの人間的なものの意味を理解します。繰り返しますと、第一に我々は、我々に現れたところの、感覚的に与えられたものを、それは真実であるということを前提としているというんです。

　自然科学においては、与えられたこと、感覚的なものは、むしろ真実ではないととらえる。もっと精密な機械、測定器具の方が、我々の感覚よりももっと正しく正確に、それをとらえるというふうに考えます。

　理解においては、我々の感覚に与えられたものを、真実であると見るんです。そのことは、我々が感覚的に与えられたものを、いかにそのままに、我々が自分の感覚に忠実にそれを見ることができるかという、実はそのことが非常に問題になるわけですが。そしてその上で、その第二の点は、その感覚的に与えられたものを、我々の側からその人間的なものの意味を、理解しようとするのです。そこで我々は、外から感覚的に与えられたその印に、内的なものを認識するときに、その過程を理解と呼びます。これはディルタイの述べているところです。印っていうのは、ツァイヘン（Zeichen：印）、ま、近頃は記号、という場合もありますが、それには二重の意味がある。つまり外的なものと内的なものの両面をもちます。理解は、外なるものを通して内なるものを認識することです。この内なるものは決して神秘的なものではありません。

　ディルタイはさらに、これに永続的固定的生の表現ということをいいます。たとえば芸術作品などは、ある内的な精神が固定的な形をもって、絵とか、彫刻とか、永続性をもってそこに表現されたものです。そういう意味で、永続的固定的生の表現ということを述べます。逆に言えば、

その永続的固定的な芸術作品などの表現を通して、我々は生命というもの、精神が何ものであるかを、内的なものを理解することができるわけです。

感情的な理解と事実的な理解

さらにここでモーツァルトの、たとえば、アイネ・クライネ・ナハトムジークというあの小さな作品を聴く場合、その場合に二つのやり方がある。一つはゲフューリッヒ（gefühllich）とザッハリッヒェ（sachliche）、感情的な聴き方と事実的な聴き方といってもいいかもしれない。

感情的な聴き方というのはたとえば、モーツァルトがこの作品をかいたときの、モーツァルトの体験したことを追体験するように、そのことに聴き入って、自分の感情をそこに移しこんで感情移入させる聴き方です。事実的な聴き方という場合には、メロディ、ハーモニー、テンポなど、その音そのものの関係、レガート、スタッカートなど音楽的な形をそこに聴きます。何ら飾らずに、そこに聞いたまま、感覚に与えられたままを聴きます。これに対して、感情的な聴き方はロマンティークな聴き方ともいえます。それは、神秘的な地平にあります。まだ主観的な範囲にあり、しばしば結局は、音楽そのものを損なう結果になることがあります。

事実的な聴き方という場合には、そこには事実的な必然性があります。個々の音は、それ自体としてみれば音楽ではない。それは全体的な関連を必要とします。意味関連を捉える必要があります。もしもそれを、感情的な根拠からだけみるならば、音楽的な意味を誤解することもありえましょう。その作品に含まれていないものを、そこに持ち込むことになる。私は誤って解釈することになる。事実的な地平で、我々が理解するという場合にも、一つの理解の仕方、事実に即したからといって、それは決して一つの理解の仕方ではなくて、多様な解釈が可能でありま

す。主観的感情的移入とは異なる、もう一つの意味をつくり出す地平があります。そのような意味を、事実的なものから意味を理解するということは、解釈学における緊急の重大な課題であります。

　理解されたことは、さらにまたそれだけに留まらないで、そのことからさらに、他のことに向かいます。他のことを指示します。それは指示連関の中に立ちます。この点は、説明と違う点です。説明は一度説明されれば、それが正しい説明か誤った説明かということに、留まってしまう。理解はそうではなくて、一つのことが理解されると、その理解はさらにもう一つ次のことを理解する足場になる。理解はそれ自体全体であるような意味にまで、広がっていきます。そこで、感情移入、感情的な理解というのは今の事実的な理解に特殊な一例と考えなければならないでしょう。

基本的理解から高次の理解へ

　ディルタイはさらに、ゼーレとガイストと区別します。ゼーレというのは、魂と訳す。ガイストは精神と訳するならば、魂というのは一人の個人に属するものであって、個人的なものであります。精神は一人の個人だけのものではなくて、個人を越えた超個人的なものです。

　そこで次に、このディルタイに従えば、エレメンターレス・フェアシュテントゥニス（elementares Verständnis）と、ヘーレス・フェアシュテントゥニス（höheres Verständnis）。

　基本的・基礎的理解と、それから高次の理解。基本的な理解というのは、他人が言ったりしたりしたことを、直接的に理解することです。ほとんど無意識の理解です。子どもが笑ったり喜んだりすることの表現、それは我々が何らそれ以上の解釈を必要とせず、笑ってる喜んでるということをその場で直接に感覚的に与えられたものから、直ちにほとんど無意識に、そのように理解することができます。

高次の理解というのは、直接の理解が損なわれたとき、理解できないとき、それゆえにより大きな関連が必要なときに生じます。個々の言葉や行動を理解するためには、全体の理解、全体の理解地平が光を照らされなければならなくなります。高次の理解は、基本的な理解の上に、立てられます。個人的あるいは一般的人間関連の上に立てられます。この高次の理解というのが、解釈学の中心になってくる問題です。

　理解というのは、人間的なものに向けられ、行動・言語あるいは非言語に向けられます。感覚的に与えられたものが、人間的なものとして認識されます。意味理解というのは、ヘルメノイティークにおける意味理解というのは、ここで心理的理解よりもさらに大きな意味をもっています。

🍃 理解の共同性

　次に、理解の拘束性についてです。理解のヘアビントゥリッヒカイト（Verbindlichkeit：拘束性）、ちょっと今、仮に拘束性とよんでおきますが、誰かが他人が定義したものを理解することは一般に可能であるか否かということです。

　ディルタイがいうように、理解というのは、外的なものが内的に主張することであって、その内的なものというのは、これは客観的精神と言ってもいい。客観的とは絶対的ということではない。

　客観的というのは、オブジェクティーブ、客体的主体的といった方がいいのかな。客体的というのは主体的ということと対比される。客体的精神というのは、個々の主体つまり具体的な人間が参与しているゲマインザム（gemeinsam）、共同性に関連します。すなわち、主体と客体の両者を結ぶ第三のもの、つまり共同性が理解の媒介となります。

　個人は、共同性の地平で体験し、思考し行為します。そこの中で理解が行われます。このような共同性から、我々はそれをすでに知っている

という、そういう印が付けられます。我々はある雰囲気の中に生きている。我々は今生きているこの世界になじんでいる。この共同性の中に織り込まれている。その理解の共同性の中に、生まれついている。個々の言葉や行動が機能しているのではなくて、より大きな関連の中で機能しています。たとえば、バウム、樹木という語は、バウム、樹木というものの記号であるのみではなくて、語り手と聞き手、社会と時代がそこに関連します。

ちょっとここからごちゃごちゃした議論になるので、僕のメモを読んで、さっと通りましょう。少し難しいかもしれない。

個々の言葉は、客体的精神を表現しますが、その客体的精神の方は、言語そのものには直ちには表面に浮かび上がってきません。すべての生の状況、語、文章、身振り、礼儀、芸術的作品、歴史的行為は、共同性に属するのですが、必ずしも言語には属さない。

それでは共同性というのはただ一つであるのか。そこでたとえばブロートゥ(Brot)、ドイツ語でブロートゥというのは、フランス語でル・パンと訳されます。しかしフランスでル・パンというとこれは白パンであって、ドイツ風の黒パンではない。パンというのは全く異なった食習慣と結びついています。そこでドイツ語のブロートゥという言葉が属する生の連関と、フランス語のル・パンていうのが属する生の連関とは、おなじパンといってもこれは違うわけです。ブロートゥとル・パンとは、相互交換可能な情報体系に属するのではない。それらは異なる客観的精神の異なった様態を示しています。客観的精神は特定の文化、特定の時代の表現であります。

しかし逆に、客観・客体的精神が、文化を規定してきます。バウム、樹木という語は、樹木という事物を意味し、それ以外の物ではない。個々が任意に決めることはできない。これもまたより広い生の様態をあらかじめ与えられていることになります。このあらかじめ与えられているもの、共同性の中で理解が可能であります。バウムという語は樹木という

ものを意味するのであって、それ以外のものではないのであるけれども、そのバウムという語が、個々の人があるいは個々の風土が、それをどういうふうに受け取るかによって、そこには違った受け取り方ができてくる。この客体的精神は文化のみでなく歴史にも規定されます。

教育学における普遍妥当性

さて教育学は、具体的な人間とかかわるものであります。教育的な反省は、具体的な場面から出発して、そこに帰着していきます。具体的な状況の中の人間が見逃されてはならない。

それでは、その普遍妥当性というのは、教育学においては断念されなければならないのかどうか。人間と教育は、普遍妥当性をもったデータに還元されてしまうと、もはや生きた人間にかかわるものではなくなってしまう。データから導きだされる骨組みだけが問題なのだとなると、ここには生きた関係がなくなってしまう。それでは教育学においては、普遍妥当性ということはどうなるのであろうか。

そもそも、この普遍妥当性とはどう理解すればいいのか。自然科学においては、一つの過程やものが、一つの出来事が反復可能であり、誰にでもいつでも確かめられる検証されるということ、そのことが法則に従うということです。その法則に従ってあるいはその一定の手続きに従うならば、誰でも同じことをいつでも繰り返して見せることができる。そういう場合に、それは法則となるわけです。つまり物理的過程は、普遍妥当性をもって公式化することができる。

しかし、教育学においては、そのような法則性を逆に個体に適用すると、具体的な個は逃げ去ってしまう。そこでもう一度、教育は具体的人間にかかわるものであって、その限りそこには普遍妥当的な公式はないといわなければならない。この特定のこの子どもが教育されなければならないのであって、このタイプがではない。普遍妥当性っていうのは科

学の理念でありますが、しかし人間は、その理念の犠牲にならなければならないのであるか。

ボルノー*はこのような意味で、普遍妥当性という概念を精神科学においては放棄しなければならないことを提言します。そして、オブジェクティフィテート、客観性ということを、クライティーオンとする、基準とする認識を提言します。それでは、このボルノーのいう客観性というのは何であるか。それは認識が対象に合致するか否かという意味での真実であります。

そこで最初に言った理解のヘアビントゥリッヒカイト、拘束性というのは、主体によってではなくて、客体によって規定されることになります。それに対して反論することができます。それでは誰が、その理解が客体に合致するかどうかを決めるものであるのか。そうすると再び、普遍妥当性という議論が生じます。このジレンマにはどうやら逃げ道がない。

共同の意味への参与

ボルノーは、理解の客体的側面について強調します。認識の客観性・客体性というのは、事実の抵抗にぶつかり、その抵抗に耐えて、逆にその抵抗が支点を与える。支えになる。先に共同性というのが文化と歴史に関係するということをいいました。理解というのはその点で、相対的である。絶対的ではなくて相対的であると述べました。

もう一つの相対性は、主体が認識に参与するという事実にみられます。理解というのは理解する者の主観に基づいてのみ可能であります。ボルノーは、そこには何らの客観性は関与しないと考えます。しかし彼

---

* Otto Friedrich Bollnow（1903-1991）　ドイツの教育哲学者。人間学的教育学の提唱者。著『ディルタイ』『実存哲学と教育学』『人間と空間』など。

は、ヴェーゼントリッヒカイト（Wesentlichkeit）、本質に適っている主観と避けられる悪い主観とを区別します。後者は限界のない心性、自分自らの中に単に捕われている状態であって、ものそれ自体、出来事それ自体に触れることがありません。それは悪い主観性です。自分の中に閉じ込められて、ついにものそれ自体に触れることができないでいる。

　本質に適った主観は、内的・個人的にものごとに関与すること。個人的、パーソナル、自分が、自分がですね、自分が内的にその事柄と関与すること。人間が、真実の内実にインテレッシーレン（interssieren）する存在であること。人間は真実の内実に、関心をもつ存在であること。さらに真実を把握するためには、主体の側にある予備条件が満たされることが必要になります。そして、主体の認識は一回性であることが認識される必要があります。主体の内的な深みが、解釈の条件としてではなく、それが解釈を構成する成分として認識に入ることであります。

　何かが人間的なものとして、人間によって理解される。主体の人間的経験の背景が、理解に参入します、参与します。さもなければ、理解は不可能であります。すなわちそれは、インターサブジェクティブであります。相互に、主体の、それぞれの人間的な経験の背景が、相互に参与し合います。そこにおいて理解は、インディビジュアルを越えたものになります。個体を、個人性を越えたものになります。

　再びモーツァルトのアイネ・クライネ・ナハトムジークについていうならば、その演奏は、インテルプレテ・フェアシュテーン（Interprete Verstehen）でして、解釈された理解に基づいています。それぞれの指揮者は、彼の捉え方によって演奏をします。それは心理的な恣意性ではなくて、事実性に基づいています。それで最近ガダマーがはっきり述べているところによれば、我々は著者の心の状態に、我々を移し替えることによって理解するのではなくて、彼がそのような意見を獲得した、そのパースペクティブに、他人の自分を移し替えるのだ。すなわち、我々は他人がいうことの事実的権利に当てはまるように求められる。

私なりにそれを言うならば、他人の心の状態に我々を移し替えるのではなくて、自分は自分として、その他人の事実性を基にして、創造的に自分の理解をつくり上げるのです。つまり理解は、他人の心との神秘的なコミューニオンではなくて、共同の意味への参与あるいは共同の意味の創造といってもよい。

まとめ—精神科学の方法論としての理解

　（ここで先生は頭を上げられました）誰か聞いてんのかな（笑い声）。誰か聞いてんのかな。僕、自分のノートばっかり見てたもんだから、人のことはあんまり考えないで、しゃべっておりました。はっは。
　今のところで、非常に重要な点は終りです。あとまだヘルメルノイツ・シルケル、循環、それから、ヘルメノイティークの規則、そういうふうな問題がありますが、解釈、解釈者の理解、つまり精神科学の方法論は、理解であるということ。
　自然科学の方法論が、実証と実験であったのに対して、それから法則を求めることであったのに対して、精神科学の方法論は理解、理解をどう理解するかということがこれがもっと、もっと追求されなければならない。そしてその場合の一般法則を求めるのではなくて、相互のインターサブジェクティブ、相互の中に共同性が創造されるという、まあそういうことがあります。それが精神科学における方法論だ、と。
　そこで我々はそういう点では思い切って、この自然科学の枠からね、思い切ってこれを抜け出て、そして教育においては、今言った理解を基本とするところの共同性の創造ということに、それが科学なのだというふうに、思い切って身を移してみることがね、僕は必要なんじゃないかな、と。そこを曖昧にしていくと、こうどっちつかずのことになってしまう。
　でもこれは決して、自然科学的方法論を無視するとか意味がないとか

いうことじゃない。それはそれとして一つの領域をもっている。しかしそれは、教育とは違った領域になるのであって、教育においては、我々はそういうものからは一応切り離して、そして、教育科学の方法論の、方法の要請に従って、厳密にね、その点では厳密に、つまり主体的、厳密にということはここで明らかになったと思いますが、個人の主体的なものが参与し主観的なものが尊重される。

　それじゃ何でもいいってのではなくて、そこには、今ここで述べたように、悪い主観ではなくて、物それ自体に、そのものに触れることができるような透明な主観とでもいうようなものでね。我々はもてるように、その意味で厳密にならなくちゃならない。そうでないと井戸端会議になってしまう。

　でもこれは今、理念を、考え方を述べたわけであって、実際に果たしてそれじゃどれだけそれが可能かっていうような、これはまた今度は具体的・現実的問題で、それは決して百パーセント可能になるということは、こういう理解の仕方をすれば、すること自体から導きだされるわけじゃない。我々人間は、決して百パーセント透明になることなんかできやしない。常にそこで相互に修正し、そして絶えざる修正を施していかなければならない。

　でもこれは、こういう精神科学的な方法論ていうのは、もうこのくらい小さいときから（周囲で遊んでいる幼児たちを見ながら）、すでになされているわけであって、ここにある現代の教育のね、欠陥もまたここに明らかになる。自然科学的方法論は、非常に早くから、我々は教育をしながら、こういう精神科学的理解ということに関する相互性の教育ということは、非常におろそかにされている。

　次に述べる解釈学的循環性の問題になるわけですが、先ほど言った、この直接的・基本的・基礎的理解からより高次な理解へというのは、循環性をなしているのであって、我々は決して大きくなってから直ちに新たな事柄を獲得するんじゃない。小さいときから、もっと無意識に獲得

されていたものが大きくなって、それがもう一度、より高次な次元で、それが理解し直され、確認され直されて、そうやって、理解っていうものが、文化になり、歴史になっていく。

　付記：ここで紹介されている著作は、後に浜口順子氏によって『教育的解釈学入門：精神科学的教育学の方法』（玉川大学出版部、1988年）として翻訳出版された。

第4章
保育的思考について

　愛育養護学校での4年目が終了した先生は、あるときから現場がたいへんおもしろくなったと語られた。このときは、自身の子ども理解のプロセスを明確に自覚され、それを「保育的思考」と名付けて話してくださった。子どもの行為を、できるだけとらわれないで省察することによって、子どもの思いに近づくことができる。それによって、その子どもと肯定的に付き合うことが容易になると、フロアとの質問にもこたえておられた。

はじめに

　私は今年、ほとんど毎日、保育の現場で仕事をしました。そうしてみると、かつて週に一度ずつ現場に出ていたときと比べて、いろいろなことがわかった点もあるし、またわからなくなった点もあるような気がしています。
　週に一度ずつ現場に出ていたときには、私は一度であることに、ひけ目を感じていました。ところがそんなことはなくて、一度だからこそ見えるということがたくさんあることが、わかったような気がいたします。それからもちろん、毎日出ることによって、もっと確かめてみることができる点もあることは事実であります。また同時に、毎日行くということは、自分自身がやりやすくなるようなパターンをつくることでありますから、そういう落とし穴があるということも、自分なりの事実であると思っております。
　今年、私はある時期から以後、現場がたいへんおもしろくなったんです。それはそのときだけのことかと思っていたら、それ以来ずっとおもしろいっぱなしでありますので、その経験はたいへん重要なことではないかと思うので、そのことを中心にして、今日はお話をしようと思います。これは保育的思考の自覚といってもいいようなことであろうかと思いますので、今日は題をつけるならば、「保育的思考について」ということで、お話をしてみようと思います。
　四つばかりのことをお話しするつもりでいます。第一は「実践における子どもの世界の理解」、二番目は「省察について―自分が自由になるということ」、三番目は「積み重ねということ」、四番目は「存在とは何かということ」です。

実践における子どもの世界の理解

　子どもと共に歩む一足一足の中で、「子どもの世界というのは、実践において直観的に理解されている」といってよいのであろうかどうか。
　頭で考えてから理解するのでないということは、子どもに触れている人はだいたいわかることであろうと思います。それでは、実践のさ中に直観的にわかるのであるか。答えは、「否」という方に、私は出してみたんです。直観的にではなくて、行為の水準で、一足一足の中に理解されている。つまり、行為の時間的経過の中に、現象として残すところなく現れている。ただ私が、小さな大事なことを見逃しているだけである。それではまだ、漠然としすぎているようです。私が出会う一つひとつの行為を、子どもの世界の表現としてみて、それに応答して生きることになる。なんでこういうことを考えたかという具体的なことを、付け加えておこうと思います。

目に見えない思いに応答する

　K君という5歳になる一人の子どもが、月曜日に、一人で泣いていたことがありました。その子はだいたい一人で遊べる子どもなので、私どもが手の足りないときには手が抜けてしまうことがあるんです。どうして泣いていたかということはよくわからないんですけれど、いろいろな人がそのことに気が付きまして、遊べるからといって放っておいたらいけないのだと思い、その次の日から、気を付けていろいろの人がかかわるようにしました。
　それから何日かたって、その子どもは、実習生と一緒に私のかたわらを通り抜けて、ホールから廊下の方に出るドアの方に向かっていきました。いつも私と一緒に行くときには、そのドアを抜けて、階段を登って、3階の廊下を通り抜け、もう一つ反対側のドアから降りて、庭に出るん

です。そうやって、ホールから廊下、階段、3階、そして庭というふうに循環して、その子どもはある種の満足を得るのです。

その日も後で聞いてみると、そのことを繰り返して後、今度はその実習生におんぶされたり腕の中にくるまったり、私との間ではしないようなことをして過ごしたことを聞きました。その話を長々とすると、これは時間をとってしまいますので、その程度に縮めておきます。

その日に聞く話というのは、子どもがこんなことをして、あんなことをして、次にこうしてああしてという行動の羅列のような話でありますが、その話を聞いたときに、私はその子が私に対するときと、他の人に対するときと、違った応答の仕方をすることがわかりました。つまりその子は、相手によって気の使い方を変えているのです。

このことを考えると、いろいろの子どものことが思い浮かびます。子どもによっては、他人のことがわかりながら、その相手を痛めつけないではおられない子どももいます。また、自分のことしか眼中になくて、他人がどのように感じているか無頓着な子どももいます。今、この子どもは、人によって相手によって、自分の応対の仕方を変えているんです。その日の話をその実習生がしたときに、別の人もいろいろと付け加えました。自分と一緒のときにはこうだああだと。

トランポリンに乗っていて、「ああ疲れた」と言うと、その子はすぐに下りてしまうんです。逆の子どももあります。トランポリンに乗っていて、「ああ疲れた。もう、これ以上とべないから勘弁してくれ」と言うと、「お前はまだそういうだけエネルギーがあるではないか」というばかりに、もっと要求する子どももあります。

その子は、その人がどういう状態にあるかを認識し、それを肯定し、それを尊重して、自分の行動を決めるという、相手との関係においては、かなり高度な行動をしている。相手を傷つけまいとし、人間関係を大事にする。そういう子どもは集団の中で生きにくいでしょう。相手に気を使うということは、逆の面からいうと、相手との緊張のために自分自身

を十分に表現しないことでもあります。これは大人の問題にも共通です。相手に対する「愛」の問題でもあるが、また、事実を表現しない、真実を隠すということにもつながる。

　この子は月曜日に人知れず泣いていたということが、これらのことを考えてくると、私にはうなずける気がいたしました。つまり、子どもが目に見える行動をとるのは、その行動をする以前に、目に見えない部分の思いがある。私に望まれているのは、その行動に対して応答することではなくて、目に見えない部分の思いに対して応答することではないか。

「捨てる」ことから考える

　同じ子どものそれからしばらく後のことを、もう一つお話ししてみようと思います。その子は、物を捨てるということが、著しくあらわれた時期がありました。一緒に遊んでいて、自分が遊んでいた物を窓から外に捨てたり、ラジエータとのすき間に突っ込んだりするんです。棚のものを、次々に壁際のついたての後ろに投げ込む。積み木、楽器、その他何でも。私が他の子どもと一緒に机の上でいじっていた粘土を、私の手からかなり強引に取っていって、ラジエータの後ろに投げ落とす。次が遊べなくなりますから、私がラジエータの後ろからその粘土を拾ってくると、またすぐにそれにかぶりつくようにして取り、ラジエータの後ろに捨てます。さらにまた、地下のドライエリアに投げ落とします。一緒に遊んで１、２時間を過ごす間に、何度そういうことがあるかわからない。それと付き合っていると気が滅入ってしまうような、そういうことも、私はその時期に何日かあったんです。

　何を落とさないのかということを見てみると、私に自転車をこがせて、その後ろに乗って何度も庭を回ることを要求するんですが、そうやって楽しんだ自転車は落とさない。もうすでに終わってしまった物、

私が他の子どもと遊んでいた物などが、落とされる対象になっていることが多いように思われました。
　そんなときに、すべり台のある２階のベランダに、その子と一緒に出たときに、すべり台の下を２歳になる妹が歩いているのが、チラと見えたんです。するとその子は、ほんのチラッと見えただけで、すべり台を下りようとしていたのを急にやめて、もとの道にひきかえしました。瞬間のことでしたけれども、私はそのことに気が付きました。
　その子は人のことに気を使うあまりに、自分が拒否する事柄に対しては、直視しようとしないようにも思われました。むしろそれを、自分の視野から外に出してしまう。つまり、物を窓から投げたりラジエータの後ろに入れたりというのは、言葉で表現すれば、投げるとか落とすとか、様々な動詞を使うことができますけれども、それらの行動に共通のものを考えると、「自分の意識の外にそれを押し出してしまう」ということといってもいいのかもしれない。
　その子は、妹が生まれる以前には、お母さんにべったりとくっついて離れなかった子どもでした。今こうしてみると、妹が生まれるという不可抗力の運命的な事柄に出会って、その子はその事実を、何とかして直視しないですまそうとしているのかもしれない。フロイトの「詩と真実」の解釈の一節を思い起こしました。
　フロイトの芸術論の中に、ゲーテの自伝である『詩と真実』のたいへんおもしろい解釈をした短い論説があります。そのゲーテの自伝の中で、ごくわずかな幼児期の記述の一つに、ある日父親と一緒に陶器の市に行って、お父さんが陶器をいっぱい買って来た。その陶器の皿や壺を窓から道路に投げ出して遊んだ。向かい側の家の子が、もっとやれとはやしたてたこともあって、その陶器市の陶器を全部割ってしまって、それでも足りなくて戸棚にあった皿や茶碗をどんどん投げ捨ててしまった。母親や父親が気が付いたときには、もう全てことが終わった後だったという一節です。

そのことをフロイトはゲーテのすぐ下の妹と関連させて論じています。すぐ下の妹がいつ生まれたかということの細かい考察が最初にあるんですけれども、それをしてのちに、彼は「こうのとりが赤ん坊を窓から運んできたのならば、その窓から赤ん坊を捨ててしまえ」というその気持ちが、ゲーテをしてこのような投げ捨てる行為を起こさせたのであるという、そういう結論に導いています。さらにそのことを、ゲーテのみでなくてその当時フロイトが扱っていた何人かの患者の幼児期にも、共通のことがみられるということを、例をひいてその論文を書いているんです。

　ちょうど同じようなことにはまるのではないかと、私はそれをみて思った。投げ捨てたり後ろに入れたりする行動に接した時に、「行動」と「行為」ということはたいへん微妙に関係していますが、少し違ったように使ってみたいと思います。「行動」というのは、外から見た時にわかる外的な行動をいい、それから、内的な面をも含めた場合に「行為」というふうに、使いわけてみようかと私は思っています。そこにその子なりのこうした気持ちが、込められているのかもしれない。

🍃 子どもの思いにゆっくりつきあう

　そう思ってみると、心が滅入ってしまうどころか、その一つひとつの行動が、たいへんかわいらしく思えてきます。こうやって投げ捨てる行動に、この子の小さな世界の中で、こんな悩みごとが秘められているのかとみると、その子と付き合いやすくなってくる。先ほどお話した「相手に対して気を使う」ということとも関連するわけで、その子は、妹の髪の毛を引っぱって投げ倒すというような行動はしない。紳士的であるだけに、そうやって、自分の視野からそれを退けてしまおうというような行動になるのでしょう。

　そうしてみますと、この子どもと一緒にトコトコと歩いて行く、その

一足一足の中で、この子はいったい心の中に、どのような思いをもって歩いているのだろうかという興味も出てきます。一緒に歩いているときに、まだ見えていない心の思いが、形となってあらわれるのだろうということがわかってきますので、今度は何をするだろうと、楽しみにもなります。そのようにして子どもと一緒に過ごすということは、体験をともにしているのだというふうにもいえるでしょう。

　しかし、その場合の体験をともにするというのは、子どもが体験していることとは逆の方向から大人は体験をともにしているのだと思います。子どもは、大人の手をとって歩いています。大人のほうは、子どもに手をとられて歩いていきます。子どもは、私におんぶすることを要求します。私の方は、要求されておんぶしてあげる側に回るわけです。ですから、同じ一つの体験といっても、全く逆の側から体験しているわけで、私のほうは、背負う重さを感じる。子どものほうは、背負われる安楽さを感じる。子どもが安楽になればなるほど、大人のほうは重さが増して、苦痛も増します。こういう逆の体験で、一つの体験が分かち合えているのだといえるのでしょう。

　こうして、子どもの思いにゆっくりと付き合うと、子どもは日頃心の中に思っていることを、行動に表現するに至ります。ちょうど、フロイトのいう自由連想と同様に、子どもは言葉で自由連想をするのではなくて、行為において、自由行為をする。自由に行為するに至るならば、その結果として、その行為には子どもの心の本質的な部分があらわれてくることになります。

　もしもその途中で、その自由が抑制されると、ゆがめられた形での症状行為となるでしょう。このようなことは、ことに現代においては非常に多いので、いかにして、ゆがめられた症状行為から子どもの思いを察し、それをもとの本質的な行為に戻すかということは、保育研究の重要な部分になるのではないかと思います。そして、その行為の省察によって、子どもの思いに近づくことができると、その子どもと肯定的に付き

合うことが容易になるのではないか。

子どもの世界の理解が立ち上がる

　今、例に挙げたK君のことからも、今のようなことがいえるのですが、もう一つ、具体的なことを付け加えてみようかと思います。R君というその子どもは、私とずいぶん長い付き合いがあるのですが、11月のある日、私と一緒にいつものように歩いて、シーソーに乗りに行ったんです。庭の一隅にあるシーソーに私の手を引いて乗りに行くのが、ほとんどその子の日課のようでありました。

　シーソーに行くと、私はその子にお話をします。その子はもちろん言葉が出ないんですけれども。だから私は、その子の体験の中にあるお話をしてあげるととても喜ぶということを発見して、それを毎日続けていました。「モモちゃんとスーパーへいったんだって、そしたら…」そんな話をするんです。「ネコにあったんだって、ニャーニャーってネコがいたんだって」なんて言うとね、もうケラケラ笑うんです。

　その日もそうやってお話をしたんですけど、あんまりうれしそうな顔をしないで、あげくに私のほっぺたをひっぱたいて、それからギュッとつねり、その子は背中を向けて、庭の真ん中に向かって立ち去って行ったんです。途中で何回か振り返りながら。

　私は立ち去っていく子どものあとは、追わないことにいつもしてるんです。そこにじっと坐っていますと、その子は部屋に入って行って、しばらく何か一人でしていたようでありました。あとになって他の先生にたずねてみると、粘土をいじったり、木ぎれをいじったり、ふだんあまりしないようなことをしていたみたいでした。

　その日、こんなことがあったといって母親に話をしたら、「前の日、日曜日だから、父親と体を動かす遊びをしてくたびれていたのでしょう。眠かったのかもしれない」と言いました。それもそうかもしれない。

けれど、どうもそれだけが理由であるように思えないでいました。
　その日のことを考えてみたら、そのシーソーに行く前に、その子はまた、校長室に来るのが大好きなんですけど、校長室に来て、私と一緒に絵を描いたんです。いつもだと、自分で鉛筆を持って、何かグシャグシャと描くんですが、その日は私の手に鉛筆を持たせて、そしてその上から自分が手に持って描かせるんです。その後だったんです。それらのことを考えてみますと、その子は私を尊敬し、また愛着を感じていることは確かなんです。
　ずっと長い付き合いで、私に代用させて描かせるんですから、私の父親のような力を欲して、私の手を借りて使っているともいえる。ほとんど同一化しようとしているその子どもが、ほっぺたをひっぱたいて後ろを向いて去って行ったというところに、私はどうも意味があるように思えた。
　ここまで話せば、いろんな人が思い当たるように、親とか先生とか先輩とか力のある人に対して、私どもはあるときは自分を同一化することによって自分をつくっていきますが、それだけでは、自分独自の道をつくることはできない。だから親や教師のほっぺたをひっぱたいて、反逆をして、それによってはじめて、自分の道を見つけることができるということは、しばしばあることに気が付きます。その子は、ごく初歩の段階で、そのことをやっていたのではないかと、私には思えました。
　それからすでに数か月経つんですけれども、その数か月の間には、今言ったことを裏付けることもあるし、また、逆戻りすることもありますが、このように考えていいんじゃないかと、数か月経っても、私には思えるのです。
　くどいようですけれど、もう一度元に戻してみますと、その子がその日に私の手を引いてシーソーに向かって行ったときに、すでに、この相反する二つの思いが、心の中にあっただろうと察することができます。ただ、私はまだそのことがわからないから、いつもと同じようだと思っ

てついて行くんです。だけど、この矛盾する気持ちはその子の心の中に渦を巻いていて、私と一緒に歩きながら、その一歩一歩の中に、その子の世界はあらわれている。もっと注意深く見るならば、歩きながら私は気がついたかもしれない。だけど、シーソーでそのようなはっきりした行動になってあらわれて、初めて、私はそれに気がついたわけであります。

省察について―自由になるということ

　保育の中で出会ったことを、その日、あるいはそれから以後に何度も考え直すということの大切さを、私は「省察する」ということで、今までも言ってきました。
　省察するときに、うまく考えられるときと、どうしてもうまく考えられないときとあるんです。どういう違いがあるのかと考えると、省察するときの自分の心の状態が、たいへん大事なんじゃないかと思うんです。保育の実践の最中にとらわれないで、その子の心に直接触れるようにできたときには、保育の実践もうまくいくときであります。全く同じことで、考えるときにとらわれないで、そのこと自体を考えられるときには、自分でも思いがけずおもしろいことに気がついたりするんです。
　つまり、考えるときに自分自ら広い所に立てるような心の状態にあるとき、つまり、自分の心が自由になっているときには、うまく考えられる。そこで日常性を停止させて、子どもの現象をそのままにとりあげることができるときに、日常の習慣的見方を離れて、新たに広げられた視野の中で、その現象を見直すことができるのではないか。新たな意味を付与することができるのではないか。
　教育という方向のある仕事をやっているときには、特にこのことは重要な気がするんです。方向をもった考えの中だけで、子どもの現象をみていると、考え方が功利的になっていくような気がする。この子どもを、

どうやったら能力を高めることができるとか、どうやったら、こういう悪い癖を矯正できるかとか、つまり、どうやったら教育者としてこの子どもをよくすることができるかというそういう思考の中にとらわれていると、考え方が功利的になるような気がするんです。そういう習慣的な思考を一度停止させて、その子どものやっている行為を、人生と宇宙の視野の中で考えるとき、この保育室の片隅の出来事が、宇宙の大きさに広がっていくのじゃないか、そんな大それたことを考えたりする。

　別のことからいうと、例えば、「ビデオで保育を見るとき」のことを考えてみる。自分が本当におもしろくやった保育の実践をビデオで見せられると、何だか変な気がするんです。それから、それはもしかしたら、他人が見たら、あのときはもっとこうやればよかったのにとか、あんなやり方をしてとかいうような目で、見られないとも限らない。だけど、やっている最中の保育というのは、そんなものじゃなくて、そのときに、自分の心におもしろいことがたくさんあるわけです。つまり、ビデオで見ているときの心の状態が大事なわけです。そのことを批判してやろうという目で見ているか、あるいは、その人に添って見ていこうとするかという、例えばこんなことだけで、もう見方は全く変わってくる。

　自分で自分のビデオを見るときもそうして、そのときに、自分が何を課題とし、何を見ようと思っているか。いかにして、自分がそこでもう一度自由な気持ちになって、その現象そのものに立ち返ってみることができるか。それができたときには、ビデオを見て、現場にいるときとは違った、新たなものを発見することができます。

　こうして、子どもの現象を自由なイマジネーションを使い、私自身の表現の可能性としてみて、応答を継続していくときには、そこに新しい保育がつくられる。つまり、未来がつくられる。そして、新しい未来には、今まで考えていなかった別の側面が現れて、私は、別の発見をすることができます。こうして継続する日々において、実践と省察とが繰り返されて、子どもの全体像が、私との間で、しだいに明瞭になってきます。

🍃 子どもは大人の理解した分だけ発達する

　そこで、第三のテーマは、「日々の積み重ねということ」です。「重ねられた日々によって、子どもの違う側面があらわれてゆく」ということです。今いってたような、省察と実践とが循環して繰り返され、重ねられてから、そこの中で、私が理解した仕方に従って、子どもは心的展開をする。そして、自らの行為を展開させる。私ども保育者の理解の仕方と子どもの行為とは、切っても切り離せない関係にあるということが、ここでわかってきます。別の言葉でいえば、子どもが大人の理解した分だけ発達するというのは、こういうことであると思うんです。
　一人の子どもは、いくつもの側面をもっています。ある時期に一つの側面が現れ、ある程度理解されても、それだけではすみません。次の瞬間には、また別の側面が表されます。いくつものその子どもの側面を考えながら保育を進めるときに、その子どもは成長していくのだろうと思うのです。一人の子どもは多くの側面を持ちますから、一つの省察が全てを尽くすことはできない。また、ある子どもはこういう子どもであると説明し、確かな結論を導き出すことが、省察の目標ではありません。
　その子どもが、自分自身や他人へのこだわりを捨てて、未来に向かって、現在を意味あるものとして生きられるようにするように、それを支え励ますのが保育であり、それを可能にするのが、保育の思考だと思います。ここで私はまた、たいへん悩むわけです。何かものを書いたり話したりというときには、どこかで結綸めいたものを出さないと、何かこう気持ちが悪くなります。
　それで、結論を出すということになります。しかし、結論を出したとたんに、もう次の新たな事態がおこっているのですから、最終的結論というのはありえないことになります。

🌿 思いは外なる行為により完結する

　それで最後に、「存在とは何かということ」にふれます。既に今までの中でお話してきたことと重複する事柄であります。存在には、「外的存在」と「内的存在」と両方があるように思います。私どもが見るのは、外的存在でありますが、内的存在は形や重さをもった質量ではなくて、目に見えない所の思いであります。その内的存在が先にあって、それが外的な形になるのだ。

　どちらが先、後という順序は、あまりはっきりとはいえないと思いますけれども、しいて順序をつけるならば、むしろ外的存在に先立って、内的存在がある。つまり、存在の本質の充実へと展開させるのは、行為です。目に見えない心の思いは、行為となって結実して初めて目に見えるものになる。

　保育においては、その目に見えないプロセスとしての存在を、その子どもとともにして、それを支えることをします。これは、今日の私の結論の一つです。結論はないなどと言いながら結論を出すのですから、奇妙なものですが。目に見えた部分をどうこうするのが保育ではなくて、まだ形にならない部分を一緒に歩んで、その部分に応答し、それによって、そこに出てくる形が変わってくるんです。そうした目に見えない部分と付き合う、その実践的なプロセスを言葉にするのが、保育研究の根本的な課題ではないかと思うんです。

　そこで、「ことば」と「存在」との関連を、考えなければならないことになります。目に見えない存在が、行為としてのかたちになるということは、これで解っていただけたかと思います。そのことを、今度はことばにする。ここから先は、もううまく言えません。ことばというのは、偽りますから。嘘をつきますから。ことばだけが滑ってしまうことも、たくさんある。

　内的存在が行為になるところは、これはあんまり偽らないだろうと思

第4章 保育的思考について

います。子どものやることがおもしろいというのは、そのところをみることができるからおもしろい。ことばにするときには……。ここらはなんかちょっと昔の僕の講義みたいですよね。何かわかったようなわかんないようなことを、ごちゃごちゃ言い始めると、もうわかんなくなっちゃうから、この辺でやめといた方がよさそうです。

　ここで、考えるという作業がある。ことばになる前に、私どもは考えます。つまり、思索します。思索は内的存在に属する、存在に耳を傾ける行為だと。ことばは、存在を意識的な自覚に導く。この辺はよく熟してないんで、来年また考えられれば考えましょう。

　ちょっと次元を変えまして、このことは子どものことだけでなくて、社会的な組織についてもいえるんだと思うんです。例えば、今私のいる学校は、たいへん存在があやふやであります。制度の中でも、存在があやふやです。学校教育法に定める学校でありながら、学校法人ではなくて、社会福祉法人でありますから、法律的にいうと存在は曖昧であります。財政的にも、はなはだ存在は曖昧であります。しかし、実際の働きからいうと、決して曖昧じゃない。実に子どもが成長しており、そこで保育され教育され、実際の生活がそこにある。根源的な意味での教育は、そこに行われているから、決して曖昧ではない。

　そこで、外的存在と内的存在ということを、また考えてみます。外的存在が確立されれば、内的存在は確かになるのだろうか。どうもそういうものでもなさそうだ。子どもが育つこと、それをとりまく大人たち、職員、親たち、そういう全体が育つこと。これが欠けたら、たとえ外的存在が保てたとしても、内的には存在しないことになる。むしろ外的に確立しすぎて安全が保証されすぎると、内部が停滞し澱んでくる。内的存在があれば、外的存在が危うくとも、存在することになる。だけど、外的存在があまりに危うすぎて脅威に陥ると、外的存在を、形を整えるのに、全てのエネルギーが費やされて、内的にも存在しなくなるかもしれない。

今、私の所の例が、たいへんはっきりするから申し上げたんだけれど、どこでもみんな、家庭でも幼稚園でも、同じようなことがあるんじゃないかと考えたりします。これらのことを考えると、いかにして内的存在を支えるかというところに、外的存在の意味が出てくる。制度とか法律とかは、そういうものじゃないか。教育課程でも、指導書でも、そういう性質のものではないか。今度は逆に、内的存在があると、それはいつかは外的な形に実ってくる。「思いは外なる行為により完結する」ということが、いえてくるのじゃないか。

　具体的な保育の話になると、おもしろいことがいっぱいあって、また話もごちゃごちゃしますから、今日の話はこの位でやめておきましょうか。もし、何か皆さんのほうからお話があったり、あるいは質問があったりすれば……。

　でも、おもしろいですね。こんな顔ぶれでお話ができるなんて。僕は、たいへんありがたいもんだなあと思います。いろんなそれぞれの年代の方がおられて。本当に、これはもう教師冥利につきるという……。どうもありがとう。

🌿 フロアとの応答

（質問1）　妹の姿を見て、滑り台から下りるのを急にやめたというK君の妹に対する行動は、一般には、単純に「嫉妬」というふうに受けとめられると思うのですが……？

（津守）　「嫉妬」というふうに言ってしまうと、もうそれで、輪が閉じてしまいます。片付いてしまう。それが続くと、こっちが落ち込んできます。そこをもう一つ、打ち破っていく作業じゃないかと思うんです。
　今、私が説明したのでも、決して全てではなくて、その子どもと一緒にいろいろとやっていると、いろんなことがあるわけです。一人ひとり

違うわけですよね。「嫉妬」というと、みんなひとくくり、同じになってしまうんだけど、この子どもの場合には、こうやって人に対して紳士的であるとか、いろんなことが重なってこうなってますよね。

　ある子どもは別の仕方をします。間に割り込んで、髪を引っぱるかもしれないし、ある子どもは、一見なんでもなくみえていて、頼りなく自分から離れていってしまうかもしれないし、それはもう一人ひとり性質も違い、生まれてから後の関係も違うから……。

　そこで、その全体を考えながら、あるできごとを、さらによくしていくきっかけにしたいわけですね。下の子が生まれるというのは、それが悪いんじゃなくて、それはもう避けられない運命的なことで、それを、その子にも自分にも、もう一つ乗り越えやすくし、そのことをきっかけにして、さらに意味あるものとして展開させようというのが保育だといえるんじゃないかと思うんです。

　だから、話をするというのは難しいことですね。明日その子と出会うと、違うことが展開しますから……。話をするって難しい。

（質問2）　子どもの心は直観的に解るものではないとおっしゃいましたが……？

（津守）　直観的というか、もう一つことばをかえていうと、神秘的というか、つまり何かがパッとひらめいて解る、以心伝心でパッと解る。私はそれを、決して否定しているわけではないんですが、それは特殊なケースであって、全てがそうではない。そうでなくて、注意深く見ていれば、そこに全て現れている。外的存在として現れる。その外的存在を手がかりとして、内的思いをみていく。実践の最中も、我々はできる限りとらわれない見方をすることによって、それが可能になる。

　まさに、そのことが大事なことですね。そのことがわかったら、毎日何でもないようにみえる事柄が、すごくおもしろくなったんです。今の

は、数百の中の、ほんの一つの例です。小さなことで、こんなことは大したことはないとか悩んでみていたようなことが、悩みじゃなくなってしまって、一緒にやっているときのその一つひとつが、それが子どもの世界なんだということなんです。

　そういうことが解ったら、私はたいへん愉快になりました。目からウロコが落ちたような気がしました。それは、私の問題ですから、私がその前に、いかにそう考えていなかったかということです。もうすでにそう考える人にとっては、何でもないことなのでしょうね。

　「見る」という意味も、視覚だけのことではないと思うんです。つまりそれは、その関係の中で、体験としてとらえられているものは、全て「見る」という表現で、私は述べているかと思います。

　(質問3)　シーソーで先生を叩いたR君についてですが、「自他を意識して、自立というか、分離していく前の段階」と、先生はお考えをなさっていらっしゃるのでしょうか?

　(津守)　ある点では、そうだと思います。もし私がそのときに、今のような理解の仕方をしなかったとしたら、そのあとが違っていたろうと思うんです。そのことに気がつかないままで過ぎていたら……。

　(質問4)　「瞬間を一緒に生きる」というのは、子どもをもつ前は理解できていたような気がするのですが、母親になると、自分でも豹変しちゃって(笑)。そうできたら、子どももどんなに楽だろうと、それはよくわかるのですが、放そうとして放せないところで、もがいてしまうのです。

　(津守)　子どもが幼児期のときには、まだまだ容易だったと思うんですね。中学生になったとき、高校生になったとき、今度は別の意味で、

第4章 保育的思考について

自分の子どもに対する期待が出てきますよね。子どもの交友関係なんかみてるとね、同じ中学生、高校生でも、いろんな子どもがいるから、そういう子どもを、自分の子どもの友だちとして受け入れる、そんな小さなことでも、難しいんですね。

でも、そうやっていろんな子どもを受け入れるうちに、自分の子どももまた、その中の一つのバリエーションだから、自分の思うような道をたどるのでなくても、それも一つの生き方だと思って、受け入れますよね。そうやって、自分の子どもが中学生、高校生のときが私自身に有益だったような気がしています。

でも、これはある意味からいえば、人間が決してふっきることのできない問題なんでしょうね。ふっきることができないのが人間だから、そのままでいいとはいえないと思うんです。障碍児の問題、異文化の子どもの問題、移民の子どもの問題、人種の違う子どもの問題、異人種との間の結婚問題とか、自分の子どもにだって、そういうこと、有り得るでしょ？

そういうことをずっと考えると、これは非常に広い問題になるんじゃないかと、私思うんですね。そこをどういうふうにというのが、それぞれのいろんなやり方があるんだろうと思うけれど、そこを切り開いていって。

日本人に特に強いんじゃないかな。ある方向をもって、ある狭い枠づけをして、みていってしまうものだから、いろんな子どもが共存する社会としての学校や家庭を、作り損ねてしまう。日本人の問題というのが、あるんじゃないでしょうか。

（**質問5**）　「人間関係を大切にする子は、集団の中で生きにくい」というお話は、私自身高校生を相手にしてきておりまして、登校拒否の問題をもつ子のお母さんにお話を聞きますと、「人に迷惑をかけてはいけない」と育ててきたというのです。その結果なのか、「私は……」という主

張ができないで、成績も良く、いわゆる良い子であったその子が、問題をおこしています。その子自身を育てることをしないで、どうしても他の人を見てしまうということを、自分の子育てを含め、反省させられました。

（津守）　今の高校生を扱っておられると、今私がお話したのとは、また違う要素もあろうし、違うサイドからの目がさらにあるかと思いますが、最後に言われた点は、私もよく感じます。
　子どもに対して言っているのか、かたわらの大人に対して、あるいは親に対して答えているのに、子どもに対して言っているかのようにみせているのか、それがたいへん曖昧なところ。そこでは僕は、なりふり構わずに子どもと向かい合うというところが肝要のような気がするんです。子どもに対して、「あーら、そんなことしちゃダメよ」って言っているのは、子どもに本当に言っているんじゃなくて、なんか違うところに言っているんですね。それが子どもに言っているようにみえるんだけど、「それじゃ、子どもと親との直接的な出会いになっていないんじゃないんですか」って、僕はこの頃ようやく、言えるようになってきた。
　そこで、他の人のことはどうだっていい。自分と子どもとの間で、自分と子どもとの関係をどう正していくのかということに目が向かうと、もうグンと変わってくるんですね。それを今頃、気が付きはじめた、今頃できるようになったんです。

（質問6）　幼稚園に勤めて7年位経っている中で、先生の話を聞きながら、学生の頃には、本当にわからないことをおっしゃってたんですけれど（笑）、今どうしてこんなにわかるかというと、先生も変わられた部分があると思うのですが、私自身も時を経て、生き続ける、考え続けるというのは、本当におもしろいことなんだなと、今回しみじみ感じました。

「日々の積み重ね」の中で、理解の仕方と子どもの行為は切っても切れないとおっしゃった辺りを、もうちょっとお聞きしたいと思うのです。子どもとともにいて、おもしろくかかわれるようになった部分があって、かかわりながらも、極端すぎると思って自分を引っ込めたり、でもそのことで違うものがみえたと思って操り返したり、これが行きすぎると、独善的な教師になる道筋かなと思ったりするんです。

（津守）　僕、この頃、自分の話は重複が多くて、とてもくどいことを自覚しましてね。これでも、できるだけカットしてカットしてと、練習してるんです（大笑）。

　一段落ずつ、毎日毎日理解を新たにしていくことで、子どもは成長するんだと思うんですね。だから、一つ結論出したらおしまいというんじゃなくてね。今日の私の話にも、すごく落とし穴があると思うんですね。この子はこうだというふうに、皆さんは聞いたと思うんですけれど。

　皆さんは、それでいいんです。この子とかかわらないから。僕は、この子とかかわる立場で、ここで止めちゃったらだめだと思うんです。それを毎日、あのことで、このことでって、理解を新たにしていくんだと思うんです。そこで、全然理解しようともせず、自分が新たな目を開くこともできないで、あせりとやるせなさばかりでいったら、それはもう、子どもだって暗くなっちゃうだろうと思うんです。

　そのときそのときに、自分が理解して意味を見いだすということは、子どももまた、理解して意味を見いだすことだと思うんです。子どもが肯定されることだと思うんです。肯定されない部分が、もちろんあるわけだろうけれども、そのことを子どもがまた、発見していくことだろうと思うんです。

　そういう意味で、大人と子どもの生活というのは、常に新たな意味の発見の連続であって、それにおいて、共同性が形成されるんじゃないかと思うんです。一週間先も、一年先も、十年先も、同じパターンで世の

中が続くんじゃなくて、それはもう、新たな世界の作り直しともいえるんじゃないでしょうか。

　そういう点で、「文化と教育」ということを、もっと考えてみたいと思うんです。教育というのは、人さまの子どもを預かって、その人の期待にそうように、形を仕上げていくことというんじゃないように思うんです。

　自分も、その子どもも、親も、新たな瞬間に一緒に世界を形成していくことじゃないかと思うんです。だから「文化」と言ったのは、「意味の発見」ということなんです。今の教育、ことに学校教育は、その意味では文化性が喪失していると思うんです。そう考えると愉快になりませんか？　何も大げさなことを言っているんじゃなくて、家庭も文化性が喪失してくるんです。日常性の重なりだと。

　これも余談ですが、この間、僕のところで卒業式をやりまして、今度9人卒業し、5人入ってくるんで、4人マイナスなんですけど、そのときに、ある父親が「役に立つということが、今や産業界でも、根本的に考え直さなくてはならなくなりました」っていうことを、ティーパーティで言ってくれました。私が皆さんを教えていた頃は、昭和30年代、また40年代で、高度成長期でしたね。あのときの「役に立つ」という考えは、もう実に重い戦いだったような気がするんです。けど、今になってみると、世界が広がって、「役に立つ」ということの裏側もみえてきたんじゃないんでしょうか。それは、まだようやく見え始めたところで、これからいろんな人が、いろいろ考えていかなくちゃならない問題でしょうけど。

　一つの学校をやってるってことはおもしろいことだなって、この頃思えるようになりました。親が、だんだんそういうふうなことを言ってくれるんです。たいへん勝手なお話を、一方的にいたしました。こんなにいろんな方が来て下さって、聞いて下さって、本当にありがとうございました。御礼申し上げます（笑）。

第5章
自我の発達

　ついにクラス担任になった。毎日ブランコに乗っている子ども、トイレットペーパーを流す子ども、高いところに登る子ども、自動販売機のシールをはがす子ども、様々な子どもの様子と自身のかかわりを率直にお話しされながら、それぞれの子どもの変化をとらえ、自我の発達とそれを支える保育について省察されている。

担任の生活

　今年、とくに去年はまだよくわかっていなかったことで、わかってきたようなことをお話ししたいと思います。
　保育は、人とかかわることを自らの生活とすることです。保育学は、人とかかわる中で考え続ける学問です。教育学もまた、人とかかわる中で考え続ける学問です。その点で、人とのかかわりを絶ち、孤独になって考える学問とは、根本的に性質が違うんだと思います。哲学は、どちらかといえば人とのかかわりを絶って、自分一人を孤独に置いて考えていく学問だとするならば、保育学あるいは教育学は、全く逆に人とのかかわりのその中で考えていく学問だと思います。
　さて、今年1年間、私はたいへん悪戦苦闘をいたしました。それは、去年と今年と私も一つのクラスをもたせてもらったんですが、今年度、4月に新たに入ってきた子どもたちが5人ありまして、前の年から引き継いだ子どもたちが2人で、7人になった。どの子どもも一人ひとりてんでんばらばらの方向に走りだしていくような子どもたちで、子どもともなじみがないし、親ともなじみがなくて、4月、5月、6月というのは、ああ、保育をする人というのはたいへんなものだなあと、実感をもってわかってきた次第です。子どものこともまだ親しみがないから、目を離していたらどうするかわからないし、なにを考えているかよくわからないから、こちらでは子どもが一人で遊んでくれているから大丈夫だと思っていても、ほったらかしておくと見られはしまいかと心配しました。それから、いつ、どこで何を始めるかも見当がつかない子どもたちだったので、1学期いっぱい私は、たいへん重圧感を感じていました。いつ、いやだと言って、子どもたちが登校拒否するかわからないし、親のほうも遠くから通うかいがないと思うかもしれないし。
　毎日、保育している間に子どもの全体像もつかめて、それから親とのつながりもついてきて、お互いに理解しあえるようになるのですが、そ

うなるまでには、何が何だかわからない日が続くから、考えるどころの騒ぎではない。そんな心境で過ごしていました。でも、だんだんに2学期、3学期と経つうちに、一年の終わりになると、何かもう、親のほうも子どものほうも安心して見ていられるという状態になってくるのも不思議なことだと思いました。

それで、そういう中から、最初に何人かの子どものことを簡単にお話ししておくと、あとの話が便利だと思います。

クラスの子どもたち

一人の子どもは、毎日ブランコに乗っている子どもです。それからもう一人の子どもは、夜起きていて朝になって寝るので、夜中じゅう親が起こされていて、とってもたいへんで、それでもなんとか一生懸命連れて来られるだけ連れて来なさいと言って、それで朝、親はフラフラになって連れて来ます。子どもも学校に来ると眠ってしまうこともあったし、そんなふうな子どもで、ついつい休みがちでした。

もう一人の子どもは、高い所、こういう黒板のへりのような細い高い所をスルスルと歩く子どもです。学校に来ると、額にしわを寄せて、あまり笑ったことがなかったんですが、今ではもうにっこにこ笑います。

また、もう一人は保育園に行っていたんだけれども、お母さんが無理に外に出されて、子どもはもう泣いて、何日も何か月も過ごして、とうとうお母さんの方が心配になって保育園をやめて、私の学校に来た子どもです。だから、お母さんが心配で子どもから離れられない。お母さんが入っていると、子どもはトイレットペーパーをちぎってトイレに流すことを長い時間やっている。私どもが間に入っていく隙がない。

もう一人の子どもは、お母さんがおなかが大きくて、その子を連れてくるのに、電車を乗り換えたり、あっちへ寄ったりこっちへ寄ったりして2時間もかかって来て、それから帰りも3時間かかって帰るというよ

うな生活で、親のほうがフラフラになってしまう。それが、8月にお産をしました。赤ちゃんができた。そういう子どもです。

あと2人は前の年からいる子どもで、脳腫瘍の子どもと、鍵にがむしゃらにむさぼりつく子どもと、そんな子どもたちが私のクラスのメンバーであります。それを、私と他の人と3人で担当していました。実習生には、実にお世話になったので、この中にも、もしかしたらお世話になった方がおられるかもしれません。

巻き込まれる状況を預かる

それで、私が絶えず、あっちの子、こっちの子どもと目を離すわけにはいかなくて、一度に何人もの子どもを見ながら一日を過ごしましたが、毎日、その子どもとお母さんを支えることで精一杯だというような生活でした。

2学期になって、私がだんだんわかってきたことは、子どもとかかわる状況の中で、私もその中でかかわるのですが、ある場合には、その状況の中に巻き込まれて、何が何だかわからなくなってしまうということでした。もう、親の悩みや子どもの悩みが一緒くたにこっちの悩みになってしまって、何かこう、自分でもどう考えていいかわからなくなる。だんだんわかってきたことは、状況とかかわるということは、かかわる自分があるということでした。

生活というものは、我々がその中からとび出すことができない。身体的にも精神的にも縛られ、そういう中に閉じ込められてしまうのが生活ですが、そういう中でも、かかわる自分がある。自分がその巻き込まれる生活にどうかかわるかということを、そのことを考えるのは自分だ。つまり、その中にありながら、それとかかわる自分というものは、いつも別個の独自にあるんじゃないのか。つまり、状況というのはそれを放り投げてしまうことはできないんだけれども、それはいわば自分が預

かっているものだ。

　自分がそれに支配されているんじゃなくて、自分が預かっているんじゃないか。とすれば、どういうふうにその状況を預かるか、それは各自に委ねられたことだ。じゃいったい私はどういうふうに預かるか。こういう問題なんだなあということがだんだんわかってきた。保育の毎日というのはまさにそうで、巻き込まれてしまうんだけれども、それとどうかかわるかということは、その日その日の自分が決めていくことだ。

　それからもう一つは、状況とかかわると言いましたけれど、それは、いつも状況は具体的な状況なんで、一回一回具体性が違うんです。この子どもの、今日のこういう場面は、一回一回違うから、プリンシプルはたてられない。その状況を私がどう見てどう判断してどうかかわるかっていうのが、私の毎日毎日委ねられている課題じゃないか。そんな中で私が今、頭にあるいくつかの具体的なことを加えてみようと思います。

状況へのかかわり方と場の見え方

　さっき、毎日ブランコに乗っている子どもがいるということを話しました。毎日ブランコに乗っているんで、私もそばにいるとなんというか、もう飽きちゃうことがあるんですね。だからといって、私がその子から離れると、何かプラプラとどこかへ行ってしまうんです。

　いつも三つ物を持ってきまして、それが最近グレープフルーツと三角定規と、それからお姉ちゃんのノートなんです。円と三角と四角なんです。時々物が変わります。グレープフルーツがボールだったり。ボールのときには本当に困っちゃって、誰かが通りがかりにけとばしてなくなると、帰りに見つからないともうたいへんなんです。それから、最近は三角定規ではなくていちごなんです。いちごも三角で、通りがかりにシュッと食べちゃう子がいる。それから四角は最近は、ケンタッキーフライドチキンのフライドポテトの四角い袋なんです。ポテトが入ってい

ると誰かがシュッと持っていったりしてもう困っちゃう。

　その子がそうやってブランコに乗っているときに、最初のうちは私がよくついていたんですが、そのうちに他の先生が好きになってきました。また、3学期ぐらいになると私のところに来て、ブランコを押してやるんですね。何がおもしろいのかいろいろ考えました。そのブランコに乗っていると、屋根の鉄骨の梁が水平と垂直と対角線と幾何学的な空間があるんです。

　毎日毎日1時間も同じことをしていると、私はもう飽きてしまうんですね。ああ、今日もまたこの子と1時間か2時間ブランコに付き合うのかと思うと、朝からくたびれてしまう。これは、どうもおかしい。同じことの繰り返しだけれど、これはそうじゃなくて、毎日ブランコをやっていても、今日は新しいんだから、何か新しいことがあるに違いない。

　何を自分は見つけられるかって、こう思ってみましたら、とたんにおもしろいことが見つかるんですね。ブランコこいでても、途中で手を離してみるとか、それから、雨あがりのときなんか目をあげると美しい空が見える。そうか、そうやって今日も同じだと思うんじゃなくて、今日はこの子どもも新ただし、私もまた昨日とは違う自分がブランコやっているとこう思えば、そこに新たな発見ができる。つまり、自分と状況がどうかかわるかということで、その場の見え方が違ってくる。これは、私には大きな発見でした。

　つい、何日か前の卒業式に、私はネクタイを締めてスーツを着て行きますと、その子はとんできて、ネクタイ握ってはずせって言うんです。外行きの服装じゃいけないっていうのかもしれない。「卒業式だからはずせないんだ」と言ったら、その子はおもしろいことをその後いっぱいやるんです。襟元から手を突っ込んだり、そうやって私とひとしきり遊んでから式に出て行くと、その子は前のほうに出てきて、ピアノを弾く先生のそばでピアノを一緒に弾いたりね。そういうことを今しているんです。

🍃 身体感覚で獲得する空間

　もう一人の子ども、さっき高い所に登るといった子どもがいました。高い所に登るときに、これについて、確か「幼児の教育」の8月号か7月号か9月号に書いたんですけれど、親しくなろうと思ってそばに行ったら、半分私に体重をかけて高い所に登るんですね。それをずっといっぱいやっているうちに、もう2学期、3学期には、その子は高い所に登るのじゃなくて、私に寄りかかってくるという方が正確なんです。高い所に登る特性をもった子どもというふうに記述したら誤りだと思うんです。その子はむしろ、人に寄りかかることを求めて歩いている子どもっていうふうに言った方が正確だと思う。

　それから、高い所に登りながら、その子は学校中ぐるりと回るんです。不安定な所をとくに選ぶんですね。椅子を積み重ねて、その子が上に乗るとグーラグラ揺れるような所に登るんです。危ないから思わず誰でも駆け寄ってきて助けようとする。つまり、その子は人が来ることを求めてわざわざ不安定な所をつくる。そんな具合にしながら、庭の金網の上をスルスルと歩く。それから、金網の下がドライエリアになっているその金網の上を歩く。一歩踏み外すと、落っこってたいへんなことになりそうだという物理的な空間なんです。それで、こっちは必死になって金網の外からその子を支えながら歩くわけです。そうやって地下室から2階までその子は高い所に登りながら学校中を歩くんだなあ、ということが2学期、3学期になるにつれてわかってきました。

　やはり、空間を知るということは、目や耳だけのことではなくて、むしろ体で移動することによって空間を自分のものにしていく、プライマリースペース（一次空間）といってもいいかもしれない。空間と一口で言うけれども、子どもにとっての空間が、自分で歩き回ることによって、身体感覚で獲得する空間であって、これがプライマリースペースといえるものじゃないか。

私の愛育養護学校は、地下室から1階、3階とその途中にいくつもの迷路のような廊下があって、ある所には鍵がかかっていたり、ある所は先生に頼まないと開かないドアだったり。こんな鍵のたくさんある学校なんて世の中にありはしないだろうと思いながら、これからつくるんだったらこんなばかな空間つくらないなんて、何回も思いました。子どもはその狭い空間でバリエーションを見つけて、あるところは大人に頼んで鍵を開けてもらったり、本来はいけない所でもなんとかしてもぐりこんで行こうとしたり、そういう空間がプラスになっている点があるんじゃないかとこのごろ考えてやっています。

🍃 子どもが住んでいる世界

　もう一人の子ども、これは私のクラスじゃないんですけれど、ご承知のように私の所は子どもが二十数名いますが、全部の職員が全部の子どもを見るということを基本に考えています。でも現実的には、責任範囲は自分のクラスだ。
　あるとき、私は一人の子どもと一緒に、そのクラスの子どもたち数人と、公園に歩いて出かけました。その子は、公園の中に留まっていないで、とび出していくんです。それで、私もその子を追いかけて行った。神社の鳥居の脇に石段がある。そこに、その子は腰かけたんですね。私もこれはいい具合だと思って腰かけたんです。その石段のすぐ前に缶ジュースの自動販売機がある。それをじっと見てるんですね。あたりを見物しているのかと思った。すると、その子は立ち上がって、自動販売機のいろんなシールが貼ってあるのを皆さんはご存じかどうか、ずいぶんいろんなシールがあるんです。そのシールをはがしてちぎるのです。近ごろの自動販売機にはよく懸賞の当たるのがあるんですね。そこの部分は、電灯がチカチカ、ネオンサインみたいに光っている。そこにシールを小さくちぎって貼るんですね。そして、シールをどぶの中に落とす

んです。そのへんになると、私もだんだん落ち着かなくなるんです。このシールはいったいなんのシールだろう。「いつもきれいな空気を」という標語のシールなんかは平気なんですけれど。この自動販売機が故障のときには次の所に電話をして下さいと電話番号が書いてある。あるいは、登録番号何番と6ケタ数字が書いてある。それをはがす。

　最初は知らなかったんです。「これははがしちゃだめだよ」と言うと、あっという間に引き裂いてそこに貼るんですね。こりゃたいへんだ。その角のところに自動販売機が6つも7つもあるんですね。その子は次々そういう所を回っていってシールをはがすんです。もう、誰か来たらどうしよう。ことに校長がそんなことをやらせてたなんていったら、これはもうたいへんなことになるんじゃないか。登録番号はさわらないでくれ、「いつも空気をきれいに」これははがしてもいいと、ドキドキしながらついていきます。

　くたくたにくたびれて「いつもそんなことやるの」と聞いたら「ええ、そうなんです」って、担任の先生は涼しい顔をして言うんです。お母さんも毎日、朝学校に来るとき、帰りがけにそれをやるので、「あれさえやらなければね」って言うんです。私もお店屋さんやっている保護者に聞いて回って、酒屋さんやっているお母さんに「自動販売機のシールをはがしても大丈夫なんですか」と聞くと、「それははがしていいのと悪いのとあります。『いつも空気をきれいに』なんていうのは、はがしてくれたほうがありがたいんです。どんどんはがしてください」「登録番号はどうなの」「あれはね、もう2枚余分があるんです」「その2枚がなくなったらどうするの」「それは、元の販売所があるからそこに電話すれば持ってきてくれます」「こういう場合どうすればいいだろう」「そりゃあもうね、お店で苦情を言われたら、ただ謝って謝ってくれればいいんですよ」そう言われて私も半分安心したような、でも半分ドキドキしながら……。

　それから1週間くらいして、もう私も自分がついて行くことはまっぴらだ。もうそういうときは頼むよと担任に行ってもらって、そんなずる

いことをしまして。でも、校長先生が悶着起こしますと、あとがありませんから。

　1週間したら、ちょうど校内合宿があって、それがきっかけになって、パタッと止まったんです。本当に不思議なことで、ああこれはたいへんだと思っていると、それが他のことに変わっていくのですが、いろんなことが途中にあって、この3学期にその子は、絵の具で玄関の入ったところのガラス戸にいろんな色で塗り始めた。ちょうど、自分の中から何か吹き出したようにその子はきれいな色で玄関のガラス戸を塗りだした。これは、我々にとっては、どこにも迷惑かけないで、学校の中だけでできることですから、とっても大喜びしました。もう一つそこでわかったことは、その子が内側のものが何か噴出するように色を塗ったんだけれど、結果はどうかというと、玄関の廊下の空間が、外からの光が入らなくて薄暗くなってしまった。それで初めてこの子は、こういう暗い空間の中にいつも住んでいたということがわかった。お互いに目を開いて住んでいるから同じように見えているのかと思っていたけれども、その子の生活空間は、こうやって暗い空間だったんじゃないかな。

　その自動販売機のおまけのチカチカ点滅する電灯……、それでさんざん心に葛藤を感じながらそれと付き合って帰ってきて、その晩、私は夢を見たんです。それは、小さいときに蛍を蚊帳の中に入れた夢なんです。ああそうかと思ったですね。蛍──今は蛍なんて我々の近辺じゃあいないんですけれど──子どもの頃は蛍がよく飛んでいて、それを捕まえてきて蚊帳のなかに蛍を放して、それを追いかけて、それがすごくおもしろかったんですね。久しく忘れていたその感覚を思い出して、ああ、今の子どもはこうやってそのおまけの電灯を蛍だと思うくらい、そこにシールをちぎって貼るんです。そのくらい自然がなくなった環境に住んでいるんだなということを、そのとき悟りました。

　今度お店屋さんから苦情を言われたら、いったいどうやってこういう子が住んでいる、この暗い世界のなかに蛍が点滅するような感覚をもっ

た子どもたちが、大人の世界にいることを伝えていけるだろうか、いろいろ考えさせられています。

🍃 赤ん坊の誕生と母親の変化

　赤ん坊が生まれるということは、家族の中に新たな風を吹き込んでくれることです。養護学校の子どものうちに、赤ん坊が生まれることによってその子が変化するという、また赤ん坊のもつ不思議な力を思います。

　その子のうちにも赤ん坊が生まれたら、そのうろちょろしていた子どもが、赤ん坊のそばに寄ってのぞきこんだり、関心をもつんですね。

　そうやって、その子の生活が心配していたようなこともなく、2学期、3学期に移行していくんです。それまであまり協力的でなかった父親が、赤ん坊が生まれることによって子どもに新たな目が向いて、そしてお母さんが赤ん坊を父親に預けて、そのうろちょろする子どもを連れて学校に来る。そういうことが、おなかが大きいときよりも、もっと容易にできるようになってるというのが不思議なことです。赤ん坊のもつ力の偉大なことよ、ということを私は感じました。

　こういう家が何軒かあります。その一人の子どもは、もう3年も来ているんですけれども、私はよくそのお母さんがその子と遊ぶときにおもちゃを見て、「赤でしょ、黄色でしょ」と言って遊ぶのが気になってしょうがなかったんです。「この子が遊んでいるのに、色のことばかり言わなくたっていいんじゃない。この子、色を考えているんじゃなくて遊ぶのがおもしろくて遊んでいるんだから」と私は言うんだけれど、お母さんは、「この子は言葉が出ない。遊ぶときに、せめて赤、黄色、白とか名前覚えさせなくちゃ」と、それが3年も続きました。

　赤ちゃんが生まれて、3か月くらいお休みをして、初めて赤ちゃんをしょって、そのお母さんが来たんですね。そしたら、その子がトランポリンを跳びながら、入ってくる子どもを「だれ」「だれ」と聞くんですね。

大人も「だれ」「これ〇〇先生」「〇〇ちゃん」「〇〇先生でしょ」と言うと、それらしい言葉を言うんですね。そのお母さんも交えた懇談会のときに、その母親が言うんですね。「私、今までこの子に対して変なことをしていたと思う」と言うんです。「K君、石を持ち上げたときに、『おもーい』と言ったそれがね、発音ははっきりしないけれど、重いという感じがとっても出ていて、あれが大事なんだということがわかりました」と言うんですね。それで、この子は「言葉があまり出ないけれどね、『で』とか『に』とか、こういう助詞らしい言葉をはさむんです」と言うんです。「それがはっきりした発音にはならないけれども『でー』とか『にー』とか『をー』とか言っているのがわかる」と言うんですね。「これは、言葉の問題じゃなくて、そういう日常の生活の中でとらえている感覚的なわかり方だ。これがもとで、言葉が出るんですね」ってその母親が言うんです。私も「あなたね、よくそういうことに気付いた。前は『赤』とか『黄色』とか、そういう言い方で言っていたじゃないの」「先生、そう言わないでください。もう、恥ずかしくなっちゃいます」と。

　それから何週間かしたら、今度ご主人を一緒に連れてくるんですね。今度、引っ越すからもう来られなくなる。だけど、しょっちゅう遊びに来ますと言うんです。遠いところを、「今日は主人にこうやって遊んでいるところを見てもらいたいと思って、連れてきた」と言うんです。「私は本当に前のことを思うと、恥ずかしくなっちゃってしょうがないんです」と言うんですね。

　私は、その家に赤ん坊が生まれたという、その強さだなということをつくづく思わされました。これは、たいへんこちらもうれしいことで、私もずいぶん知恵をつけてもらったような気がしました。何もないようなふうに見えて、ただバタバタと毎日毎日をようやく過ごしているときでも、毎日そういうふうに、子どもと、自分と、親と支える生活が大事で、それを重ねている間に、今のようなことがわかってくる。

自我の発達

　それで、3学期になって、私は発達ということを非常に考えさせられるチャンスがあったんです。それは、さっきお話したトイレットペーパーをちぎってはお便所に流している子どものことなんです。
　その子は毎日学校へ来るときに、お母さんが、トイレットペーパーをひと抱え持ってくるんです。「お母さん、そんなに気を使わないでいいから。それくらい学校で買えるからね」。だけどお母さん気にしてね、毎日いくつかトイレットペーパーを抱えてくるんです。その子はね、トイレットペーパーをどうするかというと、それもずっと変遷があるんです。同じように見えるけれども違うんですよ。それを全部話しているともうきりがありませんからとばしますが、ある時期の使い方はそれをちぎって流して、見えなくなるまで見続けて、その水がスーッと消えていくまで耳を澄まして聞くんですね。それから男便所の便器に耳をつけて聞くんです。つまり、音が消えて、ほんとに微かな音が聞こえなくなるまでその余韻を聞いているという感じですね。
　このトイレットペーパーのこの子の感覚もおもしろいと思って、私は、ある時期からは、お母さんがついていても、その子とそれを本心付き合った。お母さんも、私がついていると安心して他の子どもを見るようになりまして、外には出て行かないけれども、部屋の一番すみで見ているとか、他の子どもと裏庭で遊んでいるとか、そういうふうな具合にして過ごすようになったんです。
　ある日、朝来たときに、雨の日で靴が濡れていたんです。お母さんが「さあ、靴下を脱いで支度したらうーんと遊べるからね。」と言って脱がしたんですね。そしたらその子は、「ズボン脱ぐ、パンツも脱ぐ」と言って脱いじゃうんですね。お母さんは「寒い日だからちゃんと長ズボンはいて」とはかせようとするんですけれど、「ヤダ」と言ってはかないんですね。そして、お母さんもしょうがないと思って行っちゃって、その後

子どもは上着も脱いで、シャツも脱いで素っ裸になって、トランポリンに乗って遊びました。
　その翌日その子は、朝来るときにお母さんに「今日はトイレットペーパーを持っていかなくていい」って言ってお母さんを止めてトイレットペーパーを置いてこさせた。それで学校に来たんです。それ以来、今に至るまで２、３か月トイレットペーパーを持ってこないんです。つまり、その子はその前後からトイレットペーパーを使わないですむようになったんですね。
　はて、これが発達なのだろうか。同時に起こったことがもう一つありました。それは、その子は、トイレットペーパーだけじゃなくて、ずっと、石をフェンスの向こうに投げるということをやったんです。私は、石を投げると悶着が起きるから、それを泥の塊にしようとしてずいぶん苦心して、最近では、石ではなく泥の塊になったんですが、その子はちょうどそのときからボールを投げたり渡したりして、ボールの投げっこをやるようになったんです。
　これは変化です。この変化が、発達といえるものなのだろうか。私はこのことをもう一度問うてみました。社会常識に合うような方向の変化、その子の能力がもう一つ上に昇るような変化、我々は、ついこういう変化に目を留めて、変化することを目標とし、変化することを望んで、教育し保育するのであるか、そうではないとはいえない。こういう変化が発達でないとはいえない。でもこういうふうに社会常識に合うようになる、大人が望ましいと思うような変化をすること、またさせることが発達なのか、能力が向上することが発達なのか、何かもう一つ足りないぞと思う。
　子ども自身が変化しているならば、それが変化だ。今、この子は今日はトイレットペーパーを持っていかなくていいと言って学校に来た。つまり、トイットペーパーの遊びと別の遊びを並べてみて、別の遊びの方を選択した。それは、その子自身の変化ではないか。それから、その時点に立って、トイレットペーパーのことを考えてみると、ひとつ前の時

期には、トイレットペーパーをもうこれくらいで止めたらと言ってもこの子は止められなかった。つまり、トイレットペーパーにその子はとりつかれていた。そういうものに支配されている状況から解放されて、自分が選ぶようになった。これが自我の発達というものではないか。

そうすると、外からはほとんど変化していないように見えるときでも、その子自身が自分で選ぶようになっているとき、自分で遊べるようになったとき、自分から何かをするようになったときというのは、行動変化は大きくなくても、その子にとっては大きな発達といえるのではないか。

考えてみれば当たり前のことなんですけれども、それが自我の発達だということを、私はこのことからたいへんはっきりとわからせてもらったような気がします。

自我の発達と保育

こう考えて、解けることがいくつも出てくるんですね。保育するということ自体がそのこととかかわってくる。エリクソン*の八つの発達段階というのを私も授業で何度も話したことがあるし、皆さんもいろいろなところで読まれたことがあると思います。八つの発達段階。赤ちゃんのときには、大人と子どもとの信頼をつくる時期。信頼をつくることができた赤ん坊は希望をもてる赤ん坊だ。希望というのは、これは生涯、

---

* Erik Homburger Erikson（1902-1994） アメリカの発達心理学者で、精神分析家。精神分析的自我心理学を展開した。A.フロイトより児童精神分析家としての訓練を受け、臨床、教育に従事した。1950年に発表された漸性発達論（epigonesis）は、S.フロイトの心理＝性的発達理論に社会・歴史的発達観を統合した包括的な理論で、そのなかでアイデンティティ、モラトリアムなどの概念が提起された。

大人が死ぬところまでついてまわる大人の社会を支える原理だと、彼は言っています。

　この信頼といい、希望というもの、これはエリクソンは自我の発達の問題として述べているわけです。自分が世界の中に希望をもつ。そして、1歳から2歳になれば、自分で選ぶ。自分が意思をもって何かをする。これは、1歳から2歳の能動性の問題です。それから幼児期には自発性。そして児童期には、コンピテンスだ。仲間に互して有能さを発揮することだ。青年期には、グループに対する忠誠心だ。そして、さらに壮年期の初めには、人に対する親密さ、それは人への愛だ。自我の発達というと、いかにもエゴイズムの発達のように聞こえるが、この自分が育たなければ他人に問いをもつことも難しいだろう。他人にも自分があるということを知らなくてはならない。

　そして、青年期から壮年期になるときには、他人の自分が育つためには、己の自分は犠牲になってもよいという心が育つ。献身というような言葉で表されるような自分は正面に出ないでも他人が育つことを喜びとすることが生じてくる。それは、エゴイズムのように見えるかもしれないが、その自我が、あの赤ん坊のころからこうやって育てられて、それが大人になったときだ。

　そしてエリクソンは7番目に壮年期のVirtue＝徳を、Care＝配慮だというふうに小此木さんは訳していますが、私はCareというのは、保育と訳してよいと思う。つまり、こうして保育することが可能になるのには、それぞれ、我々一人ひとり赤ん坊のころから信頼感を育てられ、そして自分で何かやる力を育てられ、こういう長い期間を経て他人を育てる仕事を引き受けてという、こういう大人の生活ができるようになる。また、他人の子どもを育てることによって、自らの自我が強められていく。ここにおいて、保育という仕事が専門的な仕事であると同時に、大人が自らの人格を完成させるに至る一つの道程であるということがわかります。これは、専門家が独占するものではなくて、親がこれをやる

ことによって自分自身が育つ。自我の発達の生涯にわたる見通しをエリクソンがつくりあげたわけです。

　自我が育てられ強められることによって、徳が、徳というのは日本語では道徳のように社会の枠を強く思わせる言葉ですが、エリクソンが何度も言っているように、生命的なものです。徳というのは、社会の枠を押し付けるようなものではなく、社会そのものが生命的に存続していくのに、それを支える力です。我々が子どものなかに育てようとしている徳は、それに従わなければならないという義務感的な道徳ではなしに、それがなくしては人間が人間となって生きることが困難なものです。これが希望であり、意思であり、勤勉であり、また愛であり、保育であるという、保育もまた徳である。こういうものが、人間の社会を人間のものとして支えていく力であるのにほかならない。

🍃 毎日がいい日になるように

　去年お話ししたあの脳腫瘍の子どものあの子が、今はどんどん歩くんですが、それにもかかわらず、自分の保育室から外に出ることが嫌なんですね。それで、自分の保育室の中でずーっと止まって、そこで何かごちゃごちゃやってるんです。

　それで私もこの子、保育室から外に出て、もっと空間を広げてあげたいなという気持ちを、そばにいるとついもってしまうんですね。それで、「今日は天気がいいから、庭に行ってみようか」ってその子を抱えて庭に行くと、「アーッ」と泣いて、そして下ろすと、ものすごいスピードで這って部屋に戻っちゃう。今日は、3階で料理やっているから、お料理の所へでも行けば、またおもしろいこともあって、空間が広げられるかもしれないと、嫌がるのをむりやりに連れて行くと、「イェーッ」って泣いてさっさと戻ってきちゃう。あんまり嫌がるので数回やっただけで、こっちも嫌になってしまってやらなかった。

そのうちにお母さんが「この子にとってはこの部屋っていうのは、特別大事って思うんです」って言うんです。何度も何度も引っ越しをして、今はご主人の実家に一緒に生活しています。その子は、脳腫瘍の手術もしたから2回病院生活をしているんです。そうやって何度も引っ越したり、入院している間じゅうその子にとって変わらない部屋は、この保育室だけなんです。それで私も気がついて、ああそうだ、自分の家が引っ越しても保育室は引っ越してない。じゃあ、これでいいんだろう。

　そうやってとうとう3学期になったんですね。そしたらある日、本当にもうどうしていいんだかわからないんだけれど、実習生が手を引いている。外に連れて行けって言うんだって。それで、裏庭にまで行って、ブーラブラ散歩しているんです。びっくりしちゃって。それから校長室にも来て、ソファーに座ったりして、「あなたが誘ったの？」「いや、誘わない。この子がドアをドンドン叩いて、外に出せって言うから連れてきたんだ」って言うんですね。

　その子は、外に出ようと思ったときに、外に出るようになった。外に出ようと思わないのに、むりやりに外に連れ出しても、それは、空間が広がったことにはならない。その子が出ようと思って、たった一歩でも二歩でも外に出れば、それは、その子自身の空間が広がったことになるんじゃないか。

　狭い空間であったのが、より広い空間に広がったのは嬉しいことだ。だけど、空間が広がる前に、その同じ部屋の中で毎日毎日、一緒に付き合っていた。そこが大事だったんだな、ということをもう一度思わされた。そのときに私は、この子が外に出るのが嫌ならば、逆に外から来る人がその子に関心をもって何か話しかけてくれたり、一緒にちょっと遊んでってくれたりすれば、その子が外に行くのではないけれども、外から来た人を迎え入れるという意味で関心は外に向くのではないか、こんなことをいろいろ考えて、いろんな職員に、入ってきたらこの子にちょっと笑いかけたり、ちょっとでいいから遊んでってくださいって頼

んでいたんですね。

　そうやって、変化が生じてしまったそのことだけじゃなくて、変化が生じる前に、その毎日毎日をその日々がいかにいい日になるようにするかというそのことが大事なんだなということを、もう一度思ったんです。私も昔からよく、保育の過程ということを言い、その過程が大事だということを言ってきたが、その頃は、形が生じるということを前提にして、プロセスが大事だと言っていた点が、自分の中にもあったかもしれないということを、反省させられた。何も、形となって実を結ばなくったっていい。

　そのプロセスという言葉自体が、その先を予想しての言葉かもしれないですね。そうじゃなくて、そのなんともどうなるかわからない、その毎日毎日のその中で、その一日を喜ぶ、子どもと一緒に喜ぶ。そのことが保育なんじゃないかということを、こんなことを通してたいへん考えさせられたんです。

ヤヌシュ・コルチャックのこと

　今年の「幼児の教育」の2月号に、私は、ヤヌシュ・コルチャック[1]の話を書きました。ポーランドの医者で、ユダヤ人ゲットー[2]の中に

---

* 1　Janusz Korczak（1878-1942）　ポーランドの小児科医、孤児院院長で児童文学作家。ナチス・ドイツの統治下で、ユダヤ人孤児院の運営をする。強制収容所に移送され、200人の孤児とともに非業の死を遂げる。著『1942年のワルシャワゲットー日記』『子どもの権利の尊重』『コルチャック先生のお話』など。
* 2　ghetto　ヨーロッパの諸都市で、ユダヤ人を隔離し居住させた区域。ユダヤ人街。また、ナチス・ドイツのユダヤ人強制収容所。転じて、アメリカの都市などで、少数民族の居住するスラム街。

住んでいた。1942年か43年に、強制収容所で死にました。その人の著作集を読んで、私は感心しました。ラジオで育児相談をやっていたラジオドクターでした。

　この前プラハでOMEP*（世界幼児教育・保育機構）の会があったときに、ポーランドのシコルスカというお医者さんが私に教えてくれて、本を送ってくれたんです。子どもは何歳になったら歩くのが普通なのでしょうか、何歳になったら歩くようになるのでしょうか、いつになったら言葉をしゃべるようになるのでしょうかと人は尋ねる。その子が歩くようになったときが歩くときだ。しゃべるようになったときがしゃべるときだ。当たり前のことなんだけれど、それが実に難しい。「もちろんそれらが一般にいつ生ずるかを我々は知っている。育児書や教科書には、こうした小さな事実はいっぱい書いてある。それらは、一般的にいって妥当である。しかし、あなたのその子どもに対しては当てはまらない。規則によって養われた心をもって、生きた自然の書物に手を伸ばす人は、頭でっかちに、重荷によって心が混乱し、心配と失望と驚愕に陥るだろう。

　我々は、二つの尺度を用いねばならない。一つは感受性をもった親に対して。彼らは、自然研究者のように振舞う。もう一つは愚かな親に対してだ。愚かな親は、事務的な教師のようだ。入門書に爪の先で印をつけ、2時間おきにひとさじ、卵1個、コップ半杯のミルクとビスケットを2枚と。」

　コルチャックは、子どもの権利について三つのことを挙げている。第一は、子どもが死ぬ権利。第二は子どもが今日を生きる権利。第三は、子どもがあるがままの自分自身である権利。第一の子どもが死ぬ権利というのは、なかなかわかりにくいんだけれども、私は別の言葉でいえば、例えば子どもが登校拒否をする権利。あるいは、子どもが異常な行動をする権利。あまりにも負い切れないほどの重荷が、子どもの心にかけられているときに、子どもが異常になる。異常になることさえ許されない

というのは、実に哀れなことじゃないか。

　第二は、子どもが今日を生きる権利。明日をじゃなくて、今日を生きる権利。これはね、すごく感心したのは、プラハには、ユダヤ人の強制収容所での子どもの絵の美術館というのがあるんです。ごく普通の小さな家なんです。

　入ってみて驚いたのは、まるで、強制収容所の子どもの絵のようには見えない。明るいんです。具体的な場面はこう、ベッドがずっと並んでいて、大人がそこに横たわっている絵だったりなんかするんだけれどもね、色の使い方や全体の表情がとても明るいんですね。子どもっていうのは、どういう所でも今日を生きているんだなということを、非常に思わされました。それには、コルチャックのような一緒に生きる保育者が何人もいたに違いないということを確信しました。

　第三は、子どもがあるがままの自分自身である権利。この三つの権利を言うんですね。そして彼は、「白く塗られた部屋で、白いエナメルの家具に囲まれ、白い洋服を着せられ、白い顔をした子ども。白いおもちゃを見るたびに、私は、最も不快な感覚を体験する。それは、保育室ではなく、豚の飼育室だ。貧血の体に血の気のない精神が発達する」と言います。なかなかの文学的表現です。

　今日、私がお話ししようと思っていたことは、ほぼこんなところです。自我の成長ということが、自分でもよくわかるようになった気がします。行動発達ではなしに、自我の発達。

　そして、保育学というのは、子どもと日々かかわって考え続けることだ。そのことのほかに根拠を求めるんじゃない、そのことのうちに根拠

＊　Organisation Mondiale Pour l'Éducation Préscolaire 「世界幼児教育・保育機構」第2次世界大戦直後、幼児教育関係者が、国境を越えて子どもたちのために協力する目的のために創設された国際機関。現在では、世界56か国が参加している。

を求める。保育の専門家というのは、子どもとかかわることを、自分の仕事として選んだ人のことだ。子どもとかかわらない専門を選ぶ人もいるわけですが、そういう人もある時期は親として子どもにかかわる。あるいは、隣の子どもとかかわる。あるいはまた、会社で大人を育てる仕事をしている人たちがいっぱいいる。子どもとかかわることを選んだ人は、それは保育を自分の専門の仕事としている人だ。

🍃 プラハで―コメニウス

　私はプラハでOさんに会いました。児童科の卒業生で、ここで助手をしていて、プラハに来て16年になります。ご主人がチェコのお医者さんで、子どもが2人いて、小学校の5年生と、中学の1年です。子どもたちは、チェコ語とロシア語と、ドイツ語と日本語がしゃべれる。Oさんは、もうすっかりチェコの人になってしまってびっくりしました。チェコ語はもちろんペラペラです。何か不思議な気持ちがしました。

　その人が私をあちこち案内してくれて、一緒にコメニウス[*1]の博物館にいきました。コメニウスは、ボヘミア同胞教団の牧師で、プラハから10時間ほど汽車で行ったフルネックという所にいました。三十年戦争[*2]で、ボヘミア同胞教団は、国外追放になった。それで、教団の人たち数百人ともいわれ、数千人ともいわれる、その人たちを連れてポーランドに逃げていくわけです。その途中で、あちこちヨーロッパを遍歴している間に、『大教授学』を著し、『世界図絵』を著し、教育学の大系をつくり、そのなかに幼児教育を位置づけるわけです。

　コメニウスというのは、なかなか一筋縄ではいかない人物であるということを、私は、堀内守さんの『コメニウス』という玉川大学の出版局からでている本を見て、非常におもしろいと思いました。コメニウスの書物というのは、直接読むとおもしろいんですよね。全ての人の教育ということ、人間全体の教育ということを言い、全体＝Wholeであって、

部分の教育じゃない。あれやこれやの能力の教育ではなくて、人間の全体の教育だと言っている。

　今、チェコでは、コメニウスというと、国の英雄なんです。チェコには三人英雄がいる。第一は、アレル4世[*3]で、今のプラハの街をつくった15世紀の王様。それからヤン・フス[*4]。フスは、ルターよりもさらにもう一時代前のプロテスタントの教会改革者。それから三番目がコメニウス。コメニウスは、チェコ語ではコメンスキーです。このコメニウス博物館に行ったとき、コメニウスがいかに矛盾に満ちた人であるかということを、博物館の案内のおばさんが延々と話をするのをOさんが逐一訳してくれましてね、そのうち、「幼児の教育」に書いてくれると思うんですけれど。非常に矛盾に満ちた人物像がたいへんおもしろく思えました。

---

* 1　Johann Amos Comenius（1592-1670）　チェコ、ボヘミアの神学者・教育思想家。国外亡命中、イギリス市民革命期の知識人と交流し、汎知学（pansophia）を提唱。ルソー、ペスタロッチの先駆。著『大教授学』『世界図絵』など。コメンスキー。

* 2　1618〜48年の30年間に、ドイツを舞台に行われた戦争。ハプスブルグ・ブルボン両家の国際的敵対とドイツ新旧両教徒諸侯間の反目を背景に、皇帝の旧教化政策を起因としてボヘミアに勃発。新教国デンマーク・スウェーデン、のち旧教国フランスも参戦、ウェストファリア条約によって終了。スイス・オランダの独立、皇帝権の失墜、ドイツ国内分裂の促進、近代化の遅れなどをもたらした。

* 3　Karl Ⅳ　カール4世（1316-1378）　神聖ローマ帝国の皇帝（在位1346-1378）。金印勅書の発布、プラハ大学の創設、教皇のローマ帰還への尽力などで知られる。

* 4　Jan Hus（1307頃-1415）　ボヘミアの宗教改革者。カレル大学長。ウィクリフの影響を受けて教会改革を唱え、コンスタンツの宗教会議の結果、火刑に処せられた。民族的英雄として尊崇され、その刑死後、彼の徒がカトリック教会に反抗してフス戦争を起こした。

ウィーンで―フロイト

　私は、プラハに行く前にウィーンに寄りました。フロイトの家を尋ねたいと思ったんです。そのことを、「幼児の教育」の1月号と2月号に書きましたので、もう見てくださった方があるかもしれません。
　ウィーンという19世紀の町、今から100年前のヨーロッパの非常に栄えた町であります。ちょうど、今の東京によく似ている。そこで、ユダヤ人の町医者としてやっていたフロイトの家に行きました。フロイトは、そこの家で死ぬ前年、ロンドンに亡命するまで、そこで約40年間診療をし、家庭をつくりました。家庭の部分と、診療の部分を行ったり来たりして、そこに留まり続けた人なんですね。
　フロイトという人は、理論そのものには、私は必ずしも親しめない部分もあるんだけれども、フロイトは精神病でもノイローゼの人でも、健康な部分を必ずもっているということを前提にし、その健康な部分と対話することによって、その人間は健全になりうるということを考えた人なんですね。薬を用いたり、催眠法を用いたりするのではなしに、医者の権威を用いるのではなくして、当たり前の人間同士の対話を交わすことの中から健全さが生まれる。
　その点において、保育もまたそうだと私は思うんです。保育は言葉の対話じゃなくて、体の対話です。それも、権威を用いてじゃなくて、お互いの人間の部分で交流する対話。その点が、フロイトと方法論において共通するものがあると私は思っているんです。これは、一般的な解釈であるかどうか知らないけれど、私はそう思う。
　その中に、人間の自我の問題についていってるところがある。その家には、フロイトが生まれてから、死ぬまでの資料がずっと展示されているんですが、とくにウィーンの町がナチに占領されて、フロイトの仕事が弾圧されいくそこの部分が、たいへん詳しく資料があるんですね。フロイトの診療所にもナチのゲシュタポ*が入ってきて、資料を持って

いってしまうんですが、ちょうどその前後の頃に、ウィーンの王宮の脇のヘルデンプラッツで、ヒットラーがオーストリアの市民に向かって演説するんですね。そのときに、その出来事を頭に置いてフロイトが書いている。「我々は、この出来事を個人が自我の理念を引き渡し、リーダーに具現されている集団理念をそれに変えたものと解釈する。そして、さらに我々は付け加えねばならない。このような運命は、それぞれの人に等しくかかってくるものではない」これは、「集団と自我」という彼の論文の一節です。

　ヒットラーが率いる集団の理念を個人がそのまま受け取ったときに、個人の自我は、いったいどこに行ってしまったのか、というフロイトの非常に厳しい追及だと思うんです。個人の自我というのは、それぞれが生まれたときから、自分自身で具体的な状況の中で、それをつくりかえていって、そして自分自身で自我というものがつくられるんだ。それを集団の自我に売り渡してしまってはならない、というフロイトの非常に厳しい指摘であります。

　子どもの自我を育てるということは、ただ、いい子を育てるのと違って、それぞれが自分で判断し、自分で生きて行くことができる子どもを育てることです。たとえ、社会状況が今と全く違うものにひっくりかえったとしても、また、個人の境遇が大きな変転にあったとしても、それによって、くずれてしまうのでなしに、それに耐えて、そして自分だけがうまくいくんじゃなくて、人間の心を保って生きられるような自我を強めていくような、そういう教育。

　今、日本の教育は、政治や経済の後についてってるんで、そうじゃなしに、本当の教育というのは、むしろ政治や経済に先にたっていくのです。人間が人間となって、人間の社会をつくる。そういう方向に動いて

＊　Gestapo　反ナチス運動の取り締まりを目的としたナチス・ドイツの秘密国家警察。1933年創設。

いく。その一つのステップだと思うんです。もうそろそろ、時間かと思いますが。後はもう皆さんで自由に何かしゃべっていただきましょう。
　どうもありがとうございました。(拍手)

第6章

平和教育について

　愛育養護学校での毎日に並行して、この年から先生はOMEP（世界幼児教育・保育機構）日本委員会の会長を務められた。2年後の横浜での世界大会にむけての準備も始まった。この日はOMEP世界理事会のシンポジウム「平和教育」についての草稿をもとにお話しされた。OMEPのような国際機関がもっと日常のものになって、保育者や子育てをしている人が開かれた保育の中に生きられるようにと願っておられた。

はじめに

　皆さん、どうもこんにちは。お久しぶりです。
　私は、相変わらず、愛育養護学校の子どもたちの保育の実際をしています。今年から、土曜日はもう出ないことにしました。そうしたら、とても楽になりました。それからだんだんに、子どもの中で過ごしている時が、一番楽しいときだというふうになってきました。
　私は、机の前に座っているときっていうのは、とてもおもしろくて好きなんです。それは好きっていうことなんですが、楽しいときっていうのは、むしろ何か子どもの中にいるときが楽しいというような、ようやくそんな気持ちになるようになりました。時期によっては、とてもそれがつらいときもあったけれども、今はつらいっていうふうに思うより、むしろ楽しいって思う。それは自分の変化のせいなのか、あるいは、この頃私は新しい幼稚部のクラスの子どもと触れることが多いからか、それとも何かもっと他のことなのか、よくわからないんですけれど、そんな思いで生活しています。
　今日は、平和教育のことについて話をします。極めつきにつまらない話です。つまらないということを自覚しておりまして、今日はちゃんと原稿を持っているんです、私にしては珍しく。
　それは、先ほどちょっと話をしましたOMEPという「世界幼児教育・保育機構」の世界理事会、この7月の初めにありまして、南米のコロンビアに行きます。そのときに、理事会に先立って5日間ほど、コロンビアの国内の大会があります。そこでシンポジウムで話をすることになった。それが「平和教育」という題のシンポジウムです。
　それで私も今自分のやっていることと、それから平和教育っていうのが、どういう関係になるんだろうかということを、しばらくずっと考えて過ごしていたんですが、ようやく昨日から「もう原稿つくるのにかからなくちゃ」と思ってかかり始めまして、まだ全部できていないんです

けど。最初の草稿のままなんで、ますますつまらないこと請合いなんですが。それで、今日はむしろ原稿に沿って、私にしては珍しくそういう話をやります。

戦争を知っている者として

　もう第二次大戦から50年近く経たわけです。そして、戦争を直接知らない世代の人たちが増えてきました。それで、私は戦争と平和についてもっとみんなで話さなければならないと思う。また、それはやはり、戦争を直接知っている体験した年長者から話をしなければならないのではないかと思います。

　戦争を体験した者は平和の価値を格別認識するんですが、それは、戦争の何を嫌だと思い、平和の何をよいと思ってそんなことを考えるんだろうか、ということを最初に考えました。

　まずすぐに思うことは、戦争に—これは原稿にないんですけど—私など無理やりに兵隊に召集令状で大学生の時に行かされて、そのとき、もう自分の自己実現の道を途中で中断させられるというような感じをもったんです。こういう言葉ではありませんけども、今考えるとそうだったと思うんです。たくさんの私の友人が、そういう自分でやろうと思う志を遂げないで死んでいきました。それで、戦争は個人の一生涯における自己実現を不可能にするものだと思うんです。逆に言えば、個人の自己実現を最大限に可能にする社会が平和をつくりだす社会ではないかと思います。これが第一のことです。

　第二には、戦争が終わってすぐに私どもが気がついたことは、また私自身気がついたことは、それまで「敵」とみていた人が同じ人間だったということだった。むしろ、我々を助けてくれる人ですらあったということを知った。そのことに気がついて、それまでの狭い人間観を私どもは、日本人は皆恥じたんじゃないかと思うんです。戦争を通して、我々

はどの国の人でも等しく、敵と呼ばれた人であっても、等しく同じ人間であることに気がついた。

　三番目には、戦争をしているときには自分の側を正義とする、そういう社会の風潮がつくりだされていた。そのことに戦争が終わったときにはっきりと私どもは気がついた。だから、正義の名のもとに自分の側を正当化するということはそう簡単にはできない。それはちょっと疑いの眼をもってみるようになった。これも日本人にかなり共通のことじゃないかと思います。でもこのことは同時に、いったい「本当の正義とは何か」という問いを発していることだろうと思うんです。大きな言葉や美しい言葉の虚偽性というのに気がつくということは、本当はそれはもっとそうではないことを意味しているということを考えているからじゃないだろうか。

　四番目に、戦争のときには、とくに日本の軍隊というのはその内部で他人を、また人間を人間扱いにしない。つまり、下士官根性というのがあって、ちょっとでも上の者は下の者に対していばるし、上の者に対しては卑屈になるというような、そういう下士官的ヒエラルキーというのがあった。でもこれを考えると、これは軍隊にとどまらない。もっといろんなところに現在も引きずっている問題であることに気がつきます。そして、これは日本の社会が特にもっと腰を据えて取り組まなければならないことじゃないかと思うんです。まあこれが、私がまず最初に、戦争を体験した者として何を嫌だと思ったかというお話です。

平和の基礎としての遊び

　そこで次に、平和のための教育というのはどう考えたらいいのか。第一には、子どもについてです。子どももまた、個人の自己実現を可能にする社会を小さい時から体験するということが、平和への道であると思います。つまり幼児についていえば、とくに遊びの喜びを体験するとい

第6章 平和教育について

うことが平和の基礎だと思います。それが十分にできて安定した心の状態をもっている子どもたちが集まると、そこには建設的なダイナミックな関係が生まれる。もちろん、そこにはそれを可能にする大人、つまり保育者が介在しなければなりません。個人の遊びの喜びや創造性が社会関係の中で体験されるということです。「一人だけで」ではなくて、「みんなの中で」体験されるということです。一人の子どもがつくったというにとどまらず、何人もの子どもたちの中で生まれ、子どもたちによってお互い同士が感心したり、「いいなあ」と思ったり、おもしろがったり、それこそ個人の創造性が社会関係の中で体験されていることではないかと思います。そして、その時に、「平和」ということはそれぞれの個人に内在していることでありましょう。共同生活がもたらす潜在的な豊かさというものを、個人がそこにおいて体験するということが平和を生みだす地盤になっていると。

　しかし、その遊びの体験が奪われている場合があります。遊びの体験を奪うものは平和を奪うものではないか。とくに教育制度が整い、また恵まれた環境にある先進国において、このことが顕著にみられるのではないかと思います。例えば、子どもの時間をたくさんのスケジュールで詰め込んで、自分で自分の遊びをする時間がない現代の子どもたち。それから、幼稚園・保育所・学校でも時間割で遊びを中断し、遊び込むことができない場合。それは多くの場合、個人の知識や能力の獲得に集中することに価値をおく教育観をもっているところであろうと思います。また、生きた生活を直接体験することができない。そういう直接体験を奪うもの。つまりビデオとかファミコンとかにとりつかれて、そしてその中に閉じこもってしまうような場合。こういう遊べなくなっている現代の子どもたちというのは、多くの場合あるいはほとんどの場合、親が子どもを見るのに親の側からしか子どもを見ていない。親の側の子どもに対する過度の要求からしか子どもを見ていない。そういうところからくるのでありましょうし、そしてまた、それによって子どもの躍動的生

命が窒息させられているという、そういう状況をつくりだしているのではないかと。

平和への感覚と認識

それから、今、遊びのことを申しましたけれども、なおそれに付け加えて言うならば、この遊びの中で平和の認識と感覚が養われるというのは、さらにもっと積極的には、こうした社会的な経験の中で他者の権利を愛し、尊敬し、そしてまた暴力の非を教えるという、そういう積極的な働きがあるので、それは自然物、動植物などのような積極的な環境を通して、また、あるいは文学とか芸術とかそういう積極的な環境を通して、また、積極的な意識的な平和教育というものがあるでしょう。でもそれは、常にもっと無意識的な大人と子どもとの関係の中で初めて意味をもつものだと思います。

遊びよりもさらにもっと基本なのは人間および世界に対する信頼の感覚、またそれを脅かす現代の環境と状況です。つまり、これこそ現代の環境と関係があるのであって、技術の発達によるところの交通の発達、それに伴う人々の人口移動、それはもう国を越えて外国人労働者、あるいは外国に行くというような、そういうお互いの相互の行き来が多くなっていること、そういう移住、それから母親の就労、女性の地位の向上、また単親家庭の増加、それからまた戦争に伴う捨てられた子ども、つまり戦争孤児、こういう子どもたちは皆、とくに子どものときのそういう体験が人間および世界に対する信頼を根底から揺り動かす。それはもはや、平和教育というよりも人間の存在にかかわる問題で保育の一番最初の事柄です。今、私ども、私の学校ではこうしたところの問題に取り組んでいる場合が非常にたくさんあるように思います。こうして平和のための教育ということを考えてきますと、平和を脅かす力が大きいと同時に、平和、また子どもの保育についての社会的な合意を願っている

人々が世界中にいることをも発見しますし、それはまたこれからの世界のたいへん大きな希望であると思います。

外部を敵として解釈しないこと

　平和のための教育の第二番目は、平和は内と外との関係ではないかと、内と外とに関連する問題ではないか、ということです。平和は一つのオーガニズム、あるいは一つのオーガニゼーションの内部と外部との関係にかかわることです。その一つは、組織でも個人でも内部の凝縮性・凝集性とそれからアイデンティティを保ち、つくろうとする傾向をもっています。これはほとんど自然の力学ともいえるのでありましょう。内部の連帯感を強くし、内部をもっと膨張させて外に対して膨らんでいこうとする、そういう力学です。それが弱肉強食の原理によって動くと、互いに両者ともに破滅して、ついには全体を破滅させることになるでしょう。その両者が互いにそれぞれ自己実現しつつ、両者を含めた全体が生きるように。

　これは社会について言うときにも、また具体的な保育の実践の場について言うときも同じだと思います。そうしようと努めるところに人間の知性と文化があるのではないだろうか。保育の場でも、子どもの集団を放置すれば弱肉強食になる恐れがあります。そこに保育者が介在することによって、子どもたちも知性と文化を身につけるようになるでしょう。だから、保育者はなかなかいろいろ刻々にたいへんなのだと思います。

　その二は外部を敵と解釈しないということです。もっと違う言葉で認識するように。つまり、外なる他者を他者の側から理解するようにと。私がこの10年ほどテーマにしてきた表現と理解の問題はここに位置づけられるんだと思います。

　ついこの間、私は私の実践、保育の場でおもしろい体験をいたしました。一人の私のところの子どものお兄ちゃんで、言葉がよくできる子どもがお弁当を食べていました。私のところの子どもはたくさんの子ど

もが言葉をしゃべらない。その子がお弁当を食べている最中に、「どろぼうだ。どろぼうだ」と言ったんです。それで私は「えっ、何がどろぼうなの?」って言って問い返しました。ちょうどその前に脇を通り過ぎていった私の学校の一人の言葉をもたない子どもがいまして、その子がソーセージパンをひとちぎり通りがかりにちょっと取っていったのだ、ということに気がつきました。「いいじゃないか、一口とったって。おいしそうだなあっていって、あの人見てたんだよ。おいしそうだなあっと思って、ちょっと割ったんだから」と言ったら、その子は「一口じゃない。二口だ」って言いました(笑)。それで私は「二口だってね、一口だって、おいしそうだなあって思ったんだから」って言って、言葉を使う子どもだったんでいろいろおもしろくその子と話を交わしていました。

　ふと気がついたら、その取っていったと言われた子どもが後ろのソファでしょんぼりと座っていました。私は「これはしまった。その子のほうをケアーしなくちゃ」と思ってそばに行ったら、その子はやにわに私の顔を引っかいたんです。ものすごい力で引っかいて、もう首も顔もなんかいっぱい引っかき傷になって、私は「あっ、ここにいちゃいけない」と思って、その子と他の部屋のほうに行きましたけれども、それでもなおその子は引っかき続けました。ちょうどここにおられるFさんがお弁当を食べていて、その子にお弁当を快くすぐにたくさん分けてくれたものですから、それでだいぶ収まったんですけれども、その気持ちはずっと尾を引いていたんです。

　で、このことを後で考えてみたんですが、取られた子が「どろぼうだ」と言ったこと。私どもだったらお弁当を食べ、脇から手を出す子どもがいても、決してどろぼうだなどと思わないし、言いもしない。むしろ、私のお弁当を食べることで、その子が私とつながりがもてて嬉しいなあと思うことのほうが多いけれども。それを「どろぼうだ」という言葉を使うということは、子どもなりにそういう解釈をしたことだ。「一口じゃない、二口だ」って言ったことで、これは言葉を使う子どもが言葉によっ

て自分を正当化しているのではないか。その子は、ほんとうはたくさんいろんなものを全部自分で抱え込みたい傾向がかなり強い子どもだと私は思うのですが。そのことはもう棚に上げておいて、言葉を使うことで自分を正当化していこうとする。これは、言葉のもつ恐ろしさということを私はこういう場面でまた考えさせられる。

　でも、その子に対していったいそのときに何と言えばよかったのか。あるいは、それからどうすればいいのか。これはすぐにはそんなにいい考えも思いつかない。また、その子がそう言ったということを非難することも正当ではない。その子にはその子なりのいろんな問題を抱えているのであって、そしてそれをまた別の大人の暴力でそれを抑圧したら、いい結果にはならないでしょう。こういうところに現れるような、一つの典型として現れるこういう場面について、私はこれからもっといろいろ考えてみる材料が保育の実践の中にたくさんあるのじゃないかと思います。

　三つ目に内部を相対化するということ。内部だけで見ていれば正当化しても、その内部の和を保つのに役立つならば内部に対する平和といえるかもしれない。でも、それはある限られたローカルな、パロキアル（偏狭）な枠の中だけで通用することであって、それは外からみれば全く逆にみえる。その内部と外部というのは、両方を含めたもう一つ大きな視点からみれば、その内部も決して絶対ではない。それを相対化していくところに、平和というものの機能があるのではないか。

　まあそこから考えていきますと、一つの集団のその中だけでしか通用しない独自の慣習に従うということを、それを絶対的な基準とすることは平和教育とは逆のものです。つまり、社会生活の決まりに従わないことを許容できないような狭い人間に育てないということ。内部だけに閉鎖的になると上下関係を生み、それを固定化させ、相手を対等の人間としてみることができなくなります。それを相対化したときに初めて、外部の人間も同じく同じ人間であるということに気がつく。

　このことはもっと保育に即していうならば、新来者とどうかかわるか

という問題につながります。一つの家族の中に生まれてくる新しい赤ん坊。それとどうかかわるか。大人がその赤ん坊とそれから上の子どもの間に入って、どのように考え、どのように振舞い、どのような言葉を使うか。また、新入園児と前からいる子どもとの関係。まあ、これらのことはいずれも内と外との葛藤の問題につながるものであると思います。

子どもを他者として理解する

　平和のための教育の三番目は大人についてです。いずれの場合も大人がこの平和教育の鍵を握っています。問題は大人の側にある。子ども同士だけだったならば素直に相手を受け入れるのに、大人が介在することによって相手を敵とみたり受け入れなかったりするようにもなるわけです。だから問題は大人の側にある。

　もうこれは言わないでもわかるような事柄ではありますが、第一は子どもを他者として尊敬し理解するという、そういう大人と子どもの関係をつくる。他者として尊敬し、理解し、そしてやりとりをする。平和教育はそのダイナミクスの中でなされるのであって、言葉で教えるだけではないでしょう。しかも子どもの生命性を生かすのであって、平和教育の名のもとに子どもの攻撃性を押さえつけるのではない。

　その二は大人自身の自我の成長が平和教育と非常に関係がある。平和な価値の実現と非常に関係がある。平和というのはVirtue（徳）でもあります。

　考えてみるに、あのエリクソンの人生の八つの段階ということを考えてみても、あの赤ちゃんの信頼関係から次第に幼児期・児童期の問題、そして児童期のあのコンピテンスの形成、そして思春期、青年期の他のグループに対する自分の属するグループに対するロイヤリティ、それからまた青年期の愛、他者に対する献身に目覚めること、それらを通って壮年期の他人をケアーするという、他人を保育するという。

第6章 平和教育について

　保育というのはその点からいえば「活動」ではなくて、「徳」であるといってもいいものでありましょう。その壮年期の保育の中で、この平和という徳を大人は学んでいくのではないか。そこにおいて、もっとも平和ということを、小さいときからずっとそれを体験し養われるんですけれども、壮年期にいたってもっとも集中的にこの平和という徳を自覚し、それをいかにしたら実現できるかということを学ぶのではないか。大人が子どもを育てることによって、大人自身も日々変えられていくこと。その中で内と外の問題を考えるということは、大人自身の内心の戦いを経ないではいられないでしょう。

　それでその三は、大人自身が偏見や幻想から解放されること。そして、もしもその社会において一方的な狂信的な行動に駆り立てる力が発生し、あるいは外部の扇動力が生じたときには、それに対して抵抗しうるようなそういう自我が形成されるのは大人の壮年期ではないか。

　この今の「平和は徳である」というのは、あの『平和の種子』'Seeds of Peace'という、OMEP総裁のグタール女史の書いた本の扉のところにスピノーザ＊の言葉が引いてありまして、それに「平和とは精神的な力から生まれる徳である」ということが、そういう短い言葉があります。精神的な力から生まれるところの徳（Virtue）である。

　そこで保育の話についていうならば、保育者が子どもの側に立って一日をそうなれるように自分自身を保って生きられるようにするということは、保育者にとって常に毎日繰り返されるその日の課題であると思います。それはどんな状況のもとでも同じであって、戦争さなかでの保育であっても、あるいはテクノロジーの緊張の社会の中での保育であって

＊　Baruch de Spinoza（1632-1677）　オランダのユダヤ系哲学者。デカルト的二元論に対し、思惟（精神）と延長（物体）は唯一の実体である神の属性であり、自然界の万物は神の属性の諸様態であるとする汎神論的一元論を樹立した。著『エチカ』『知性改善論』など。

も、あるいは養護施設の中の保育であっても、保育者は子どもとそのような社会的な場に生きる中で、どのようにしてその一日を子どもの側と自分と、その内と外との両者の中で、自分が偏狭に閉ざされるのでなくて自我を保って生きることができるかという、そういう毎日の課題の中で生きているものではないか。

おわりに

　本当におもしろくない話をしまして、下ばかり見て話をして、皆さん寝てしまっているのじゃないかと思って（笑）。今はじめて目を上げて、まだ終わっていないんですけど、大体こんなふうなことを自分としては心の中で考えて、英語で話をするのにこれをどういうふうに原稿にまとめあげるか、しかも短時間の間で、しかもつまらなくなく、ややおもしろく話するかというのが、これから3～4日の間の私の課題なのであります。3～4日の間じゃないや、その瞬間に至るまでの、ですからあと10日ほどあるんですけど、この10日間の私の課題であります。

フロアとの応答

―平和を生み出す文化について
　ふだんやっていることなんだけれども、その中にこういう平和っていう問題があるんだっていうことを自覚すると、またそこで働きかけ、動き方が違うっていうことね。ちょっとそのことを今もう一度改めて考えました。
　付け加えて言えば、本当にその平和の価値というのを自覚して、ちょうどあの幼児に対しては信頼ということが学ばれる時期であるということを、私ども子どもに対する者は言いますよね。それからあの幼児前期は能動性を、それから幼児後期は創造性を、それから児童期は相手と相

第6章 平和教育について

互する中で自分を打ち立てていくという力を、そういう有能性を、そして思春期は自分の属するものに対する、集団に対するロイヤリティ（忠誠心）を、その時は外が敵になる時期だと思いますよね。そこで止まっちゃって壮年期になっている人がとても多くて。あの思春期の相手を敵とみるってのは、それは非常にかわいらしいもので、もうほんとに夢中になって相手と戦ったり、打ち負かしたりしながら、また次の日にはもうケロッとして一緒になってサッカーやったりなんかする。そして、青年期にはこれは異性との間ということがかなり生じるわけですが、そこで相手に対して自分が献身して相手のためには自分が犠牲にもなるというような、そういうことが出てくるのが青年期だ。

そして、壮年期は幼い者を育てる。育てる、また世話をする。その中で今までのことが全部働いていて。子どもっていうのは小さいところからずっと育っていって、必ず自分で育っていくんだ、自ら育つものを育てるっていうね。そういうまさにそのとおりで自ら育つんだっていうことを、それをもう頭っから信用して確信して信じて、そして子どもと交わるところに保育のやっぱり最初の出発点があるわけです。だと思いますね。

そこからだんだんずっと壮年期に至ってくるわけですが、その平和っていうことが今度壮年期になって子どもを育てると同時に、子どもを育てることは社会との中間に立つことで、社会との中間に立って社会の側とそれから子どもの側と両方にしながら、それも単に妥協させていくだけじゃなくて、やっぱり子どもの側にあくまでも立ちながら、そして社会というものも同時に変化することを望みながら、変化させながらそこにかかわるというのは、これはまさに内と外にかかわることであって、これはもう平和という価値をね、平和ということを価値としてだけでなくて、ただ人間がこれはもうそこの中で生きていく上の、さっきの信頼と同じような Virtue だ、徳だ。これを獲得するのは、これはただ生きていてできるのではなくて、日々をやはりこうある種の精神的な緊張の中

で獲得されるものだというね。そこが私はもう一度言いたいところで、それをやっていく、努力している者は壮年期を生きている人間じゃないか、と今平和ということを考えたばかりに私もそのことを思って、ことに強調して考えたんですけれども。

　壮年期というのは、やはりただ家族を養うとかね、会社の仕事を社会が発展するようにやるとかね、僕はそれだけのことじゃなくて、やはりこの平和という価値の実現ということをもっと自覚していいんじゃないかと思うんです。そこでね、この間グタールからもらった手紙に平和というのは'Culture of Peace'あるいは'Culture for Peace'だという言葉が書いてあってね、僕はそれはすごい概念の転換だと思ったんです。あの、平和というのはある一つの状態を指すのじゃなくて、平和ということを生みだす文化が平和なんだと。これは今の我々の日本の社会ははたして平和ということを生みだす文化なんだろうか、ということを考えてしまいます。

―保育の場に平和を生みだす文化があるのか？

　今私が、また皆さんが属しているところのこの保育の場というものが、平和を生みだす文化になっているかどうか。これはどうも自分のことを考えるとね、もうものすごくわからなくなってしまうんですが、いつもああやってどたばたやっているあの中のどこに平和があるのか、平和を生みだす文化があるのかってね。だけど、よく考えるとやっぱりあるんだと思うんですね。

　あの昨日も行ったら、Yちゃんがね、トランポリンで自分でいい気分になって跳んでいたら、それまで立ってなかなか跳べないで座った状態で跳んで、もう高く跳んだ気になってる。

　そこへとなりに元気のいい子が上がって来て跳ぶと「こわい、こわい」って行ってしまう。と、その「こわい、こわい」って言われると、こっちはすぐ「こわい」って言ったほうの子どもに覆いかぶさるようにして

かばってしまう。それもね、ほんとうに必要だし、ある場合にはうんと必要だということを認めながら、でもそのバンバン跳ぶほうの子どもの相手をすることで、私との関係ができるし、かばうほうの子どもはもうすでにできている。跳ぶほうの子どもと一緒に跳んでいると、もう一人の子どももそんなに「こわい、こわい」なんて言わないでね、ちゃんとそこで一緒に共存できている。自分がそこでちょっと気がついて両方に気を配ってやることでそれができるんだから、ほんの小さな一つだけども、平和を生みだす文化ってものになっているのじゃないかなんてね、そんなちょっとした自負心をそんなところで感じたりします。

そういうことを考えていくと、どこにも小さな平和を生みだす文化というものが、家庭の中にも、それから学校の中にも、また職場の中にも、そうやって一つの局面を相対化していく、その力というものは出てくるんじゃないか。

―抽象化は自分自身の課題

どういうふうにして抽象化するか、それは僕自身の課題です。今ね、このことを考えるにあたってね、私はね、非常にね、ヒントになったものがいくつかあります。その一つは、今、荒井献*さんが毎週日曜日に話をしている、あの「福音書を読む」という連続の講義です。

あれはね、僕はもう戦後の傑作のような気がしているんです。福音書の新約聖書、マルコの福音書を中心にしながらマタイとルカという、マタイの福音書はユダヤ社会の基盤をもち、ルカの福音書はそれに対して外なる世界、異邦人の世界というものを基盤にし、いずれもある種の枠を守るという力学が働いて、その中で言葉が少しずつ違ってくる。マルコの福音書は伝承の福音書で、それがどう違ってくるかということを緻

---

* 荒井献（1930年‐ ）日本の新約聖書学者でグノーシス主義研究者。神学博士、東京大学及び恵泉女学園大学名誉教授。

密に考証しながら福音書を読んでいるんですね。

　その、今、相対化といったのは、私はそのところからヒントを得まして、第何回目かでそれだけ僕は実はテープをとってないんですけど、山上の垂訓に平和をつくりだすものは幸いである、ってね。その平和をつくりだすとは何かということを問題にして、それでその紀元70年のユダヤ戦争の時に、そのユダヤ教の中で平和をつくりだすものは外に対して必ずしも平和をつくりだすものではなかった。それは相対化されてユダヤ教の外にもそれが適用されるものとの認識ができた時に、その平和の概念というものが普遍化された概念になったというね、その結論になるんですけど。そのプロセスがね、非常に私はおもしろくて。

　日曜日の朝11：15からそのシリーズが目下続いている最中です。それは再放送が火曜日の朝11：00から11：45まで。再々放送が次の日曜日の夜の11：15から12：00までというように3回ね、繰り返しているんです。まだ20数回あるそうで、今十何回目かでまだ半分に達しません。とても一つひとつね、私は非常に教えられている。ちょうどそのことが一つあったこと。

―保育の実践と本を読むこと

　それからもう一つは、先程申し上げたグタール女史の『平和の種子』というユネスコからの出版物を、私どもOMEP日本委員会から出ている委員が10人ほどで数年前に翻訳しました。建帛社から出ています。今度再版になったはずです。私は自分で翻訳しながらね、詳しく全部終わりまで一字一句読んでいたとはいえないんですね。今度この課題ができたものだから、一字一句最初からずっともう一度、3度ほど読み返しました。

　で、そういう時間をつくるというのはね、なかなか保育の実践やっているときにはとっても困難です。そんな日本語の本をね、1冊読み上げるなんていうのが困難だなんて、なんだかばかみたいな話だと思うかも

第6章 平和教育について

しれないけど、でも保育の実践というのは毎日一日やるってことが本1冊読む以上のものがそこにあるはずですから、だから本1冊読むのと保育の一日をやるっていうのは必ずしも全然別の作業じゃないと私は思うんです。何かそういうからだと気持ちのゆとりをちょっともつということはね、保育というようなからだを使う作業の場合にも非常に大事だ。だけどこれが逆になるとね、保育という仕事はね、僕は逆になっちゃいけないっていうのではなくて、そういう逆になる時期っていうのはあるわけです。僕なんかもそういう時期ずっとありましたし。だけど、その考え方の上で逆にならないようにしないといけないんです。

また保育の作業をやっている最中の人っていうのは、実にそういう点ではからだを使う作業そのものの中に本当に知性というものがあるわけだから、それをどうやって取りだせるかという、そこを考えるといいんじゃないですか。それはね、決して一通りや二通りや五通りや十通りのやり方じゃないと思うんです。みんな個性があってね、私は私なりの個性だし。これこそまだ本当の意味では学問化され、学問という筋道に乗っかっていないから、だからまだ中途半端でしかないんですけれども、これからそういう肉体を通した作業そのものの中にね、何かそういう自分が知性的になろうとした時に何が生まれてくるかということを発見するおもしろさというものがあるのではないか。何か自分でもできそうもない難しいことを言っているんですけど。そんなことをちょっと今すぐ思います。

―つらいときがあったこと

それはいっぱいありますよね。ありすぎちゃって、何話していいのかわからないくらいで。特にね、それはやっぱり閉ざされたときのような気がします。特に、僕らのところなんかは一人の子どもと、たとえばみんなの中に入りたくない子どもと、地下室でもって長い時間毎日毎日付き合うなんてときね。大勢大人がいながら、その子と二人だけでもって

ね、もう何日も何日も生活していると、何か閉鎖、出口のないところにいて「こんなことしていいんだろうか?」とかね、「こんなの人が見たら、全くもう保育だなんて言えないんじゃないか?」とかね。だからね、むしろそれより、こういうときが永遠に続くんじゃないかとかね。そういう思いにとらわれるときがありましたね。今だったら、僕はそういうふうに思わないです。でも、どうしてそういうときにそう思ったかっていうのは、これもうちょっとあと、2、3年したらね、もうちょっとゆっくり考えられるんじゃないかと思っているんです。

―保育の概念の転換

　今の私の話からもう一つ違う次元で考えれば、保育の概念の転換だと思うんですね。今、この時期が。幼稚園の中でどれだけいいカリキュラムをつくってね、いい子どもを育てるかということは、もはやもうそのことに集中するんじゃなくて、保育というのはそれが保育なんじゃなくて、もっとそうやって閉ざされた中に保育している人たちを、子育てしている人たちを、ちょっと広い、開くチャンスをつくるっていうような。それは今、現代に至って自覚されてきた保育の概念の転換ではないでしょうか。

　今、あのOMEPのいろんなセミナーや会合をやるなんていうのも世界的にそういう意味合いをもっていると思うんです。一つの国の中だけだともう閉ざされてしまう。教育要領なら教育要領だけが唯一の拠りどころのような、そんなばかな話ないですよね。保育なんてもっと広いもんだ。そういうことが、どの国にもあるから。それがいろんな国の人がパッと集まると、もうパッとこう開けたりするものですからね。それで私はこれからはこういう、OMEPのような国際的な機関というのは、もっと日常的なものになって、定着していかなくてはいけないだろうと思うんです。

　私、今度、今週の金曜か土曜に出かけて、コロンビアに行くんです。

そして今度95年には日本で世界大会やりますから、まだもう一回来年チャンスありますけど、まだ日本語のチラシができていませんで、来年の今頃にはできているはずですから、どうぞ皆さん、あの何か役割をとって参加してください。さっきのMさんのような話が、この日にいけば、もう5時間も7時間もそういうのが次から次へと聞ける部屋とかね。何とかそんなのがあったら楽しいだろうなあと思います。どうぞ役割をとって参加してくださるようにお願いいたします。えー登録費は35,000円もかかりますから、今から貯金しといて(笑)。よろしく。

第7章

OMEP世界大会前夜

「朝起きると、そこには夜の間に海外から届いたトグロを巻いたファックスの山がある」。当時、Eメールという文明の利器はまだ日本ではほとんど普及していなかった。OMEP世界大会1か月前。その準備がクライマックスに達しているとき、先生は児童の世紀といわれた20世紀の終わりに「果たしてこの時代は子どもにとって何だったのか」そして「大人にとっての20世紀とは何だったのか」ということに思索を深められていた。

🍃 OMEP世界大会ひと月前

　私は今ご承知のように、あとひと月のうちにOMEPの世界大会を控えて、こんなとこで話して、あとひと月後にどうなってるかわからないけど、でも今だいぶわかってきまして、これを始めたのは1991年の秋からその準備が始まって、もう95年ですから、1990年代は私はなんかもうこのことばっかり頭にあって話してるみたいです。

　最初のころはどうなるかわからない、いったいできるのかできないのかもわからない。財政、どうなのかわからない。プログラムどうなるかわからない。題目だって決まっていない。そういうところからどうやって入るか。それで今はもう40か国の人が来るっていっている。それからだいたい財政もめどが立っているし、それからプログラムはよいプログラムかどうかわからないけど、ともかくだいたいもう動かすことができない、細かい細部にわたるまで決まっている。後はその時に地震が来なければみんな集まれる。そこがどうだろうなって心配はしますけど、そこは心配してもしょうがない心配だから、それで進んで、前進していくより他にない。後ろ振り向いたらもうできなくなっちゃう。出たところでやるよりしょうがない。

🍃 自分のおかれたところで

　こういう点は保育と似ているんですね。保育も、昔、養護学校の校長になったとき、私のところに来る子どもはもしかしたら気の毒なことをしてるんじゃないか、環境だって悪い。それから、気持ちだけはあっても実際の経験に乏しい。ここで実際に子どもが来るとどうやってやればいいかわからないことがいっぱいある。そんな所に来た子どもは、気の毒なことをしちゃったんじゃないか。もっと他のところに行けばもっとよい教育者がいたかもしれないのに。何度もね、そういうことを考えた

時があった。

　だけど、よく考えるとそうじゃなくて、そこでその子たちがここを選んで来ちゃった。僕もそこにいるんだ。そうすればそこで毎日出会ったとこで、一生懸命ともかくやらなきゃしょうがないじゃないか。よく見て、そこで子どもが願っていることを一生懸命やるよりしょうがないじゃないか。それがもう他のところに行ったらとか、他のことをしていたらとか、そういうことは考える範囲のことじゃなくて、それはもう自分がそういうところにおかれた、その子もそういうところにおかれた、親もそういうところにおかれたって思って、そこでどんって引き受けてそこでやっていくよりしょうがないじゃないか。それで腹を決めてやっていったの。

　毎日、毎日がそういうもんだなってことがだんだんわかってきました。今日何が起こるかわからないけど、今日ともかくここに来た、今ここに来てる、自分もそこにいる、それで相手のことをお互いに知ろうじゃないかって、そうやって保育が進んでいきます。

　世界大会の準備をしていると、その時々によって不安なこととかそれから実際にやることはどんどん変わってくるんです。3年前、2年前、そして今で違うんですが。今は、この頃思ってるのは、こういう準備っていうのはたいへん事務的なことが多くて、今、Kさんに助けてもらいながらビザを発注するのに大車輪でやってる。どんなにみんな来る気があって登録しても、ビザを出してあげられなかったら来ようと思っても来られない。ビザにどういう書類がいるかって管理者に聞いても、国際会議をこんなにたくさんやりながら、簡略な方法がどうもないらしいんですね。それでビザがいる国といらない国、そういう大雑把なことは教えてくれるけど、あとはそれぞれの地域、国ごとに対応していかなくちゃならなくて、必要な書類をそろえる。サンプルはあるけれども、この会議の目的のために来るのにはどうしたらいいかって、またそこから、最初からやらなくちゃならない。

そんな書類ができても、今度は一人ひとりについて、どの飛行機で来るのかいつからいつまで滞在するのか、お金をくれなきゃ来れないって言ってる人、滞在費をなんとかしてくれなくちゃ来られないって言ってる人、飛行機代何とかしてくれって言ってる人、そんな人たちがいっぱいいる。一人ひとり、どうやったら来られるようになるかっていうのを、ひと月のうちにですね、全部準備しなきゃいけない。どうしたらいいかっていうのは、これも待ったなしで誰かがやらなくちゃならない。で、そういう仕事をしているとなんか頭が硬直してきまして、なんか考える力がなくなっちゃって、間に合わせるために決まった書式でどうしたらいいかっていうことをやってかなくちゃならない。

🍃 目に見えていることだけでは浅くなる

　それでも保育にも出るんですね。保育に出るともう本当にうれしくて、ほっとしてとっても楽しい。自分が、なんかこう心身消耗してるのが、子どもの中に入ると楽しい。なんか癒される。これはどうも逆さまじゃないか。保育っていうのには多かれ少なかれそういう要素があるんですが、子どもの中に出て行くと力が湧いてね、なんかやろうという気力が出てくる。そういう要素があるんだけど、それではたと考えるのは、これは保育の場合には、そういう子どもと出会ったところで、自分がさらに現地で心身ともに元気でやれるか、それに応えていけるか、そこに精神、心身の注意力を集中するんですけど。
　でもそれだけじゃなくて、目の前で見ている子ども、目の前でやることだけじゃない、目に見えない事柄に自分がどうかかわっているか。目に見えているものにかかわるのが保育っていうものなのだけれど、さらにそこで自分が何をしようとしているかっていう、目に見えないものと取り組んでいないと、目に見える瞬間瞬間のことも、浅くなっちゃうんじゃないか。カラ元気で終わっちゃうんじゃないか。

第7章 OMEP世界大会前夜

　じゃあその目に見えないものと取り組むっていうのは何か。これは何でもいいような気もするんですね。研究でもいい。何か自分がこういうことに興味があるから、こういうことの子どもの発達に関して、あるいはこういう疑問に対して取り組みながら、毎日の子どもと取り組むと、そこに何か自分と子どもとの間にある、何か一つ生まれるものがある。昔から私、何度もそんなこと考えて、研究テーマをもって入ると、それだけで違うってことを、ずっと考えました。

　でもあるときから、その研究テーマっていうのを自分があらかじめ決めて入った場合、それが上手く合致する場合もあるし、合致しない場合もある。そのうちにもうそんな研究テーマなんか忘れちゃって、子どもとの間のことに巻き込まれて、そして一日終わってみると、テーマはあんなんじゃなくてこれこそが自分が取り組むべきテーマだったっていうことがわかってきます。それで次の日はもっと別の視点からやるっていうね。

　こんなこと繰り返してるうちに、研究テーマをもってやることは、これはとてもよいんです。それと一緒に子どもを育てる上で、何をそれじゃあ一番、取り組む大事なことか。それが大事なんだと思うんです。その何が大事かっていうのを、まあこれは人それぞれ違うし、そのときそのときの子どもによって違うから、具体的にこういうことだって一概にいえない。みんなそれぞれがそこで発見していくことじゃなくちゃならないだろう。

　大まかにいえば人間が育つっていうこと、今日のＭさんのオランダの話を聴きながら、どうもこんな抽象的なことは考えてもよくわからないと思ったくらい、今日はなかなかインパクトのある話だったかな。でも一番根本を突き詰めていけば、人間は人間らしく育つの。自分が本当にそうやってるのか、それを取り組んでいく。今日、あの子とあの子をどうしたらいいか、こういうことを誰もがみんなそこのところで取り組んでるんじゃないかなとも思います。

平和をクリエイトする文化

　それで保育の実践とそれから、世界大会やるってことはこれだけで世界平和に寄与することだって。なんかこう嘘つくような言葉であるけれども、でもみんなが、40か国もの人が一つのところに集まるっていうこと自体が、平和でなかったらありえない。そしてそれをやろうっていう人が何人もいなかったら、何十人も何百人もいなかったら、こういうことは起こりえない。世界大会やること自体が平和のことに役立つに違いない。今何をやっているのか訳がわからないんですけど、そのことに支えられてぼくは今やっています。

　保育の方でも、今人間を育てるって言いましたけど、人間、それぞれの一人ひとりの個人が育っていくと、内訳を言えばどれだけたくさんのことになるかわからない。柔軟な頭とからだをもつ。大人っていうのは非常に根本的に、事務をやっていると柔軟な心がもてなくなっちゃって、いつまでにあれをやらなくちゃならないっていうので走らなくちゃならない。それを考えると、保育者が子どもの中に入ったときにある、いつまでにこれをやらなくちゃならないっていうのは、こういう頭って、子どもも自分も柔軟性を失うかもしれない。人間、柔軟な頭と心っていうのは、これは個人個人それぞれ必要じゃないかと思うんですね。

　それから今世界平和って言ったけれど、平和っていうことは、この50年間それぞれの時代で、受け取るニュアンスが違ってきています。戦争終わって直後っていうのは、もう平和っていうのはもう実に願いを込めていた、ばら色の明るい世界がやってきたような、あんなものだった。だけどそれからしばらくしたら、平和っていうのは、なんか平和っていうことを口にすると、左翼みたいに思われて。今そんなんじゃないけれど、昭和30年代、40年代はずいぶんおかしな話ですが。それからだんだん今に近づくと、平和っていうのは、なんか平和なんて言ったって、結局民族紛争だとかなんだとかの方が大きな力をもっていて、平和

運動っていったいなんだろうって疑問が生じてくる。今このことを一生懸命考えているのです。

　世界総裁のグタールはこのことを一生懸命考えていて、このプロセスで僕そんな疑問を世界大会のことと一緒に話したことあるんですね。そしたら平和っていうのは平和をクリエイトする文化をつくることだ。平和そのもの。それからひとつ平和を願う心とか、平和をつくる人間と、あるいは平和っていうものをつくりだす、クリエイトする文化。つまり土壌をつくることが、これが平和という今の問題じゃないか。私もそれこそ、その土壌をつくることこそ、これは保育だし教育だと。そこで平和ということも両方結びついてくるわけです。

　でも仕事それ自体としては本当に違う。この間、国連難民高等弁務官事務所の緒方貞子さんが自分のやってる仕事は会議と、資金を集めそれを分配することだと言ってました。同じ平和の仕事でもいろんなレベルがあって、こうやって子どもの中にいて毎日のいざこざの中で、それをどうやってそのいざこざを、物を取られたとか取ったとか、そういうことを具体的に、この子あの子と一緒に考えながらやるっていうのはすごくおもしろい仕事ですよね。その一番おもしろいところをやっているのが保育の実践者で、平和に貢献してる。そういう難民事務所の所長さんなんかが、そのおもしろいところはやれなくて、会議とお金の配分のことをやっている。こうやってもう私どもは一番おもしろいところをやってるっていう、その自覚をね、うんともったらいいと思う。

ソーシャルロールバロリゼーション

　何年か前からノーマリゼーション*ということがいわれてきました。ノーマリゼーションというと理念は誰にもわかりやすい。普通の人と、それから障碍の人とこれは別々な存在と考えるのではなくて、違うカテゴリーに属する人と考えるんじゃなくて、一緒に社会をつくっていこうじゃないかという理念。

　そういう頭になりますと、それだけでは済まないことも、済まない人々をどうするかっていう問題が抜けてしまう。パニックを起こす子ども、物を投げたり、人の髪の毛に食いついたりするような、そういうことは常識的なことじゃないから、それは常識的な行動をするようにいつもそれは止め、そして激しくても止めていく。でも我々子どもの仕事をやってきてる者は、そのプロセスっていうものをもっと考えているから、それは正論であるには違いないけれども、個々の子どもについて、人間についていえば直ちにそうなれるとは限らないから、セラピー的な対応というものも必要だし、いろいろそういうプロセスがある。こういう問題を、十分な理解をみんなに浸透させていない。非常にたいへんで職員の中でもこういうことについて、非常に根本的に見解が分かれてくるわけです。

　私はそれについて今まだ答えがないんですけれども、ちょうどたまたま昨日頼まれて見ていた本にね、こういう本がある。これはまだ昨日見たばかりだからこんなところで話すことに、煮つまった話じゃないんですけど、でもこれ以前からこのことについては、少しずつ見聞きしてるから、そんなに見当違いじゃないと思うのですが、『ソーシャルロールバロリゼーション入門』、W. ウルフェンスバーガーという人が書いて、慶應大学の冨安芳和先生が翻訳したものなんです。このW. ウルフェンスバーガーという人がノーマリゼーションということを言い始めた人なんじゃないかと思うのですが、この人はノーマリゼーションというこ

とを言い始めて、この言葉が独り歩きしてったときに、非常にいくつもの誤解などにぶつかった、それでこの人がソーシャルロールバロリゼーションって、評価する、評価、価値づけをするという、そういうバロリゼーションって言葉です。

いくつか聞けばもっとはっきりするんだけど、今この場でそれをやる暇もないから大雑把に言いますと、誰でも人を見たときに、相手を低く評価して、自分自身を高く評価する傾向がある。見るっていうことは、知覚するっていうことは、そういう価値づけを抜きにしてはないことだ。そのことに関して、それで1冊本を書いている。1行じゃなくて、それを1冊にしてるところがすごいなあと、私は最後まで読んでそう思った。

そのことをずっとこう当てはめていくと、障碍の人を見たときに、その障碍の人というのは、見た途端に自分より低いものだっていう風に知覚でそうしてしまっている。それを、どうやってそこを取り外して変えていくかっていうことが後半のノーマリゼーションに続く論になる。

それで私なんか前から先入観なくしてとか、そういうことを言ってきました。その先入観をなくすといったことがいかに困難かっていうことにいつもぶつかりますが、それを実に細かくやっていくといろいろあるんですね、これ1冊出てきちゃう。ちょっと一か所だけ読んでみると、…そうだな、一か所読むっていうのはすごく難しい本で、僕も昨日読んだばっかりだからね。皆さんにね、これお勧めしたいと思います。この本が出たら。非常に難しい本でね、ほとんど具体的なことなんて全然出てないの。

そして今の「知覚においては価値を伴う」っていうね、障碍の人はそ

---

* 高齢者や障碍者を、施設を作ってそのなかでケアするという社会ではなく、他の人々と同じように、あらゆる人々が共に生活し共に生き抜くような社会こそノーマルであるという考え方。

の価値づけが低くされてる。これを高くするにはどうするか。その障碍の人を能力という点だけから見ているとね、これはもう当然価値が低くなるんだけれども、障碍の人ってのは神から特別な恩恵を受けている人だって。このことを考えただけでね、バロリゼーションが高くなる。そういう類のことがいっぱいあるの。というのを、これを実際のコロニーのような施設の中にどのように適応していくかということを話をし出すんですね。

　これはここにおられる皆さん、きっと読みこなせる。これ読みこなすのはなかなかたいへんだと思うのですが。これを読んでさらにこれを実際問題につなげていくには、こういう本を読んだらいいっていうリストがずっと出てるんだけど、そのリストが翻訳なのに、それは外国語だけのリストであって、日本語のリストは一つも出てこないということは、それだけ日本のものに翻訳されていないっていうことじゃないかと思います。

　それで、これをもう少し考えると、だいたいいつも身体の中に入ってくるくらい、そういう知覚における価値づけっていうことを変えていこう。これは人間の尊厳ということをただ理念で考えるんじゃなくて、これを肉体のレベルまで消化し、下ろしていくにはどうしたらいいかっていう問題につながるかなあと思っています。勉強してみてください。大人の問題を考えていくときに、もし子どもが子どもの問題について考えたら、かなり似通った考え方で、大人の問題を解いてくことができる。一つの何か鍵があるのかもしれない。これからいかに勉強してそれを発見できるかということにかかっているわけです。

児童の世紀の終わりに

　それからもう一つ、私この頃思ってるのは、(やはり今度)世界大会やってるからなんですけど、いつの頃からかこの世界大会で、児童の世

第7章　OMEP世界大会前夜

紀として始まっている世紀が、今20世紀が終わろうとしている時、果たしてこの時代は子どもにとって何だったのかという、こういうことを考えなければならないときじゃないかっていうことが、誰からともなく言われて、それが最後のシンポジウムになって、私はそれを誰かやってくれるのだろうと思っていたら、その中のシンポジストに、僕にやれってことになっちゃったんです。僕がそれ2度くらい断ったんだけど、とうとう自分の番になっちゃいまして、そうなるとつい引き受けてしまうのが私の悪い癖であります。

　それでそういう風になりまして、今苦しんでいる。児童の世紀として始まったこれを、この次3年先の1998年に、北欧5か国のOMEP世界委員会が主催でOMEPの世界大会をしていくんですけど、北欧の人がこれまた非常におもしろいって、このテーマを次の世界大会にももっていくんじゃないかと思うんですね。この次が1998年だから、今世紀の一番最後の世界大会になる。日本で、いったいこの児童の世紀といわれるようなことがどういう風に理解されてきたか。また、子どもの権利条約は日本ではどういう風になっているかっていう。この間デンマークから来た人にこれを、オーガナイゼーションを依頼したんです。そうしたらそれに、いろんなことが注文として書かれていました。そうなるとエレン・ケイ*が1900年の初めにどんなことを言っていたのか、これはもう一度やり直してみないといけない。

　それからその私が、僕の年齢では非常に珍しいことですが、僕が幼稚園の3年保育だった。僕が幼稚園に3歳児で入ったのは数えてみると1929年なんです。この記憶の中であるとき幼稚園に来た。それで子ども

---

*　Ellen Key（1849-1926）　スウェーデンの婦人思想家。児童の教育、婦人の母性としての使命を説き、子どもを健全に育て、それを通じて世界の平和をつくることを主張した。その自由主義的理想主義は大きな影響を与えた。1900年『児童の世紀』を著す。

の家をつくったとか、そんな記憶がいくつかあるんですよね。この時代はちょうど倉橋先生が、あの新教育*の幼稚園の時代を、もう一番脂がのって展開していた時代。その時代に僕が幼稚園の時代を過ごしてですね、エレン・ケイのあの時代からのことを、僕がやっぱりこうポロッと受け入れるのかなと思います。これから普通考えてみるとじゃあどうなんだろうなって、まだ今そのあたりポロポロと考えている最中です。頭とからだを柔軟にしないとできない仕事なものだから、しょっちゅう夜までファックスを処理なんかしてるとね、これは困っちゃうんですね。でもなんとかこなします。

🍃 子どもの権利条約

　それで子どもの権利条約は1950年代になってから、本式に、取り組んできた問題です。1926年にあるジュネーブ宣言から実際には始まっているわけですが、本式に国際的に取り組んだのは50年代以降。いろんな議論があるわけです。本当にこういう権利条約が必要だったのかどうか。日本で（当時の）文部省あるいは法務省が、日本の既存の法律は子どもの権利条約ができたっていうことになっても、なんら変更する必要はないってことをあちこちで断言しますから、そういうのを見てて、それじゃあ確かにある程度そうかもしれないけど、じゃあ子どもの権利条約っていうのがなくても良かったものか。そうでもない。もう少し法律論とは別のところで補っていたんじゃないか。

　子どもの世紀として今世紀は幕開けをしたが、今世紀の終わりになって、ずっとこうやって児童中心主義とか新教育とか子どもの権利条約とかこういう一連の出来事の中で考え、また新教育、児童中心主義の理論も通説も、この20世紀の後半においてはそれと相対する力がずっと出てきて、私が皆さんのお茶大で勉強していたときはちょうどその両方の力の戦いの真っ最中であったわけです。これが60年代、70年代で、で

も 80 年から現代になると、もう今の、考えるとあの 60 年代、70 年代は過去のものになっちゃう。現代においてはまた違った段階に到達して、子どもの問題っていうのをもう少し広く、もう一つ広い人間という視野の中に、人間の一生涯というその成長、みんなで一生涯の中で子どもっていうものがどういう風に考えられるのか。それが子どもと大人という風に二分法で分けてしまうものじゃないかもしれない。子どもにとって 20 世紀はなんだったのかというと、すなわち子どものことを考える時の大人にとっての 20 世紀とは何であったか、こういう問題にもなってくるんじゃなかろうか。まあ目下まだ模索中でありまして、今日ここでこれもあまりちゃんとお話しする段階に至ってないということをここでお話しすることになりました。まあ私の話はこんなところでおしまいにします。

---

* 教科書中心・教師中心の教育に対し、「児童から」を標語として自発的活動を重んじた新しい教育。19 世紀末～ 20 世紀に欧米で展開され、日本では大正デモクラシー期に隆盛。第二次世界大戦後の数年間も広く取りあげられた。

第8章
子どもの中のストーリー

　保育現場の第一線を退いた生活の中でのお話。家庭での赤ん坊の姿に愛育での若い実習生の姿やご自分を重ねながら、人間について語る。
　また、幼稚園で見た白雪姫の劇を再現するという愛育の子どもの行動から、その子が持っていた死のテーマやストーリーに行き当たる。このことから、言葉のない子どもの言葉について考察を深められている。

1歳前後の世界

　今、私はもうこの2、3年、孫たちの世話がおもしろくて、忙しくて。こんな年をとってから、こんな楽しみが与えられて、とてもなんだか幸せに思っているんです。
　このあいだ、私のところにちょうど1歳3か月になる孫が来たときに、なんかいつもとちょっと様子が違って、非常に聡明になった気がしたんですね。ちょうど今、あそこに座っているあの人たちと似たような年齢。それと2年上のちょっと3歳越した孫と。私は毎週毎週何回か自分で出かけていって、とてもおもしろいものだから、そんな中に浸っております。まあ、今日はその話をするのが目的じゃなくて、今日はちゃんとここに、津守房江が私のお目付役に控えていますから、そんなことしゃべりすぎないようにって。
　この間はその1歳3か月の孫がうちに来たときではなくて、津守房江がその子の家に行ったときに、帰りがけに泣いたっていうんですね。今まではそんな、帰るときに帰りづらいそぶりはしても、泣くということはしなかった。それが、この間は泣いたって。それだけ、自分の世界がはっきりしてきたんだろうと思うんです。それといっしょに、物事の順序ってのがわかるようになっている。生活絵本を喜ぶんです。
　いつもオムツを替えるとき、立ったままで、私が絵本を読んであげると、オムツを替えるのが楽なんですね。その絵本が、ちょっと前までは、一場面一場面がおもしろい絵本だったんですけれど、この間あたりから生活絵本がおもしろい絵本になったんです。生活絵本というのは、朝起きてから、顔を洗って、歯磨いて、ご飯食べて、その前に洋服着替えて、ご飯食べて、それから遊びにいって、夕方になって、また手を洗って、ご飯食べて、洋服を着替えて夜寝るっていう、当たり前の毎日起こる生活の順序が描いてある。生活絵本ていうのはそういうのでしょ。絵本としては大しておもしろくないし、あんまり芸術性もないようなもの

なんだけど、そういうものがはっきり描いてあるのがおもしろくて、それをじーっともう言葉を発しないで見ている。その間にオムツをしっかりちゃんと取り替えてしまうぐらいちゃんと見ている。

そういうのを見ると、それまでは0歳何か月というころは、毎日繰り返される出来事の順序っていうものが、そんなにはっきりとわかっていなかったのだろうかって考えちゃうの。全然わかっていない訳じゃなくて、身体でわかっているはずですけれども、絵本でもって、はっきり絵にして示されて、見せてもらうっていうような、はっきりしたわかり方っていうのはしてなかったんだろうと思うんですね。

生活の順序がわかると一緒に、人と人との関係がわかってきて、人と人だけじゃなくて、いろんなものとものの関係もわかってきて、それはいわば知能の発達ともいわれているもので、自分の世界が、自分の知恵の働きといっしょに秩序づけられてくるということですけれども。生まれてから3か月とか5か月との間に見せた、何とも言えないかわいらしい笑いっていうのは、ちょっと減ったかな？という気がする。それから前は、7、8か月から10か月くらいの時は、立ち上がりたいっていう気持ちがあって、赤ちゃんは立ち上がろうとするんだけれども、足が弱いから、ぐずぐずぐずと足が交差してしまう。で、立ち上がっても足を交差したまま、足を踏ん張っても立ち上がれませんから、自分がこうしようと思うことが、自分の力が足りないせいでできないという無念さとか、残念さとか、それから自分のことをこんちきしょうと思うとかそういう気持ちがね、あの年齢の、8か月10か月、1歳前の赤ちゃんに、そんな気持ちがあるんだろうということは、もう察しないでも見ていればわかる。それと似たようなことがね、赤ちゃんの時代ってのはすぐ通り過ぎてしまって、足が交差してしまうなどということがはっきりわかるのは、こうやって見ていても、2か月間ぐらいでしょうかね。その2か月間くらいの間にどんどん足が強くなって自分で歩いていくから、立ち上がろうと思っても、足がこんがらがってもつれてしまうというよう

な状態は、周囲の人が気がつかないうちにさっと通り過ぎてしまう。
　そういうことは、壮年期を考えてもあったみたいな気がします。自分では、こんなことをこうやってやっていきたいと、こう思いながらも、自分の体力がちゃんとついていない。それで、足がぐずぐずっと折れてしまって、こんがらがってしまってというそういう状態にいる大人のある時期というのが、誰にでもあちこちにあるんじゃないかなと、私はそれをみながら考えました。
　その何にもできない、足がもつれてしまいこんがらがるようなその時期の赤ちゃんの笑顔っていうのは、すてきな笑顔で、ほんとに無心の笑顔っていうのがそういうときに見られる。そうすると大人もそうかもしれない。自分の力がちゃんとついていないで、しかし世の中に出て、いろんな理想をいっぱいもっていて、でも世の中に放りだされると、そこでどうしていいかわからなくなってしまって、足がぐずぐずっとこうなってしまう。私は今、実習生をいっぱい見ていて、そう思うんです。以前は、ちょうど20年前は私が現場に出てから、そうね、15、6年の間は、自分がやることで夢中で、しかも、自分が何もかもやる立場になって、周りのことはあんまり目に入らないで、どうやったらこのときを乗り越えることができるか、朝から晩まで夢中だった時期が、そういう15、6年だったような気がします。
　今になって、若い実習生たちが、それからまた若い先生たちが、本当に一所懸命やっている姿を見て、ありがたいなと思ったり、いいなと思ったり、そう思うだけのゆとりができたわけで、僕は自分ではそんなに、ろくに自分じゃ何にもやらないで、脇で声だけかけたり、いい加減なことをやっているんですよね。
　だけど、やっている最中のその人たちは夢中で、そして、あることにぶつかってはどうしていいかわからなかったり、親からも文句が出たり、それから子どもが予期しないことやって、そういうことにいちいち新しくぶつかってどうしようかとぶつかっているのを、ちょっと離れた

第8章 子どもの中のストーリー

立場から、見られるようなそんな年寄りになってきちゃったんです。残念だなと思うと同時に、少しあたりが見えてきたような気がします。

それを考えてみると、赤ちゃんが生まれてから、かわいらしい笑みを浮かべる、その時期を通り過ぎて、ものごとの順序や関係がわかってくると、ことさらに怒ってみたり、言うことを聞かなくなってみたり、前だったら、手をつないであげると言ったらすぐもう手をつながれて、喜んで手つながれてたのが、手をつないであげるって言うと、わざとぎゅーっと肘で突っ張って、反抗してみたり。

そういう時期から見ると、かわいらしい無心の笑みを浮かべていたときには、赤ちゃんの世界は順序や関係なんていうものは、はっきりしていなかったけれども、そのかわりその世界全体がもう宇宙そのものの、もう本質の中にあって、宇宙の神秘を、すべて赤ちゃんはわかっていたんじゃないか。また実際赤ん坊ってのは、なんもわからないように見えながら、実はそうじゃなくって、いろんな知恵がついた大人が、わかったつもりでいてわかんないでいる、もうわからなくなってしまった宇宙の大事なことを、盲目になってき過ぎてるから、今の世界の戦争のようなことが起きてしまっている。世界の戦争が起きれば、また無心のような赤ちゃんが、殺されたりけがしたり、そんなひどい目に遭うなんて、いったいこんな世界は何だろうということを、このごろはとくに誰もがみんな怒りをもってそれをみているのじゃないかと思います。

その赤ちゃんの時代が、次第に知恵がついて物わかりがよくなると同時に失うものもできて、それを昔から楽園喪失というような言葉でよんでいる。エリクソンもあるところで、赤ちゃんの成長のころを書いた第一段階の信頼の喪失のあたりで、楽園の喪失ということを、旧約聖書のあのアダムとエバが天から追われるのは、善悪を知る禁断の木の実を食べて、それから楽園を追われたということが書かれている。

それは、なにもマイナスの意味だけじゃなくて、私どもみな人間は楽園を追われて、楽園を喪失して、そこで人間としての知恵をつけていっ

て、今度はその知恵をどう使っていくのか、楽園を追われた人間が今度はまた楽園を回復するために、自分の知恵を使い、知力をも体力も駆使して、そうして新たなるよい世界をつくるために、それをどれだけ用いることができるかという、こういうところに挑戦する。それはプラスの意味での楽園喪失から楽園回復への、人間世界の物語になっていくわけです。

言葉を話さない子どものもつ言葉

　近頃私は、言葉を話さない子どものもつ言葉ってものを、また、新たな角度から考えさせられています。そのことについては、今、津守房江と対談して『幼児の教育』に、障碍をもつ幼児の保育ということを正面に出して、それでもう、10回か11回書きました。まだ何回かかるか、先はまだまだ延々と続くような予感がしているのですけれど。障碍をもつ幼児の保育というのを考えると、この20年、30年の間に、どうやったら障碍を克服できるのか、そして普通の世界の中で普通に生活し働くことができるのか、それをするために教育をするというような、そういう考え方で進んできたことは、皆さんも、よくよく知っておられる通りであります。

　果たしてその考えだけでいいのかどうかという、こういう思いを、私どもは、実際に障碍をもつ幼児のことをやってみると、そんなことをいったって無理なことはいっぱいあるし、いやもっと、もっともっとたくさんやれることはあるのに、何だか障碍児保育なんて名前を付けて、障碍児に特別な保育があるようなことを考える考え方そのものが、もっとよく点検されなくちゃいけないのじゃないか、というような気がしています。

　それはもう今に始まったことじゃなくて、みなさんが大学にいるときから、これは先ほど、Ⅰさんがお話ししてくだすったように、私は20

第8章 子どもの中のストーリー

年前までこの中のたくさんの方々と、大学の教室で話をしていた訳ですね。その頃から私は今のようなことを話をしていたように思うんです。それは話せばきりがないほど、いろんな時期があったことも、これもみなさんご承知で、この中でもある時期ある時期によって、違ってきていると思います。

近頃私は、自分の学校で、愛育養護学校で、ちょうどここに来られている岸井慶子先生の愛育幼稚園にとんでいく子どもがいるものですから、その子と一緒に、否応なしに幼稚園に連れていかれるチャンスがとっても多いんです。皆さんが学生の頃は、そんなにしょっちゅう幼稚園に行く子はいなかったですよね。いろんな事情で。近頃は、岸井先生がいついっても、いつでも来てくださいって言って、喜んで迎えてくださるんです。

私どもにするとね、いろいろな思いや心配などもあって、私たちのところで思うように生活している子どもが、幼稚園に行ったときに、幼稚園の子どもたちがやらないようなことをやるときどうしようかとか、例えば池の水の中に入ってしまうとか、それから飼っているハムスターやなんかのところに行って、手を突っ込んでぎゅっと握ってしまったらどうしようとか、それからみんなが、ちゃんといろんなことをやっているときに、そこで走りまわったらどうしようとか。まあそんないろんな心配がね、あるわけです。それはみなさん、おわかりでしょう。それを受けるほうと、それから一緒に連れていくほうと。一緒に連れていくほうからいうとね、いろんなことが起こったらどうしようというそういう心配からね、本当は必要のない余計な心配がいっぱいあって、余計な心配をしてしまって、そのために神経使うなんて、馬鹿げたことを最初のうちはやっていたんですね。

岸井先生も、なんでそんな心配するの？ と言われるから、ああそうか、そういうことは受けるほうの幼稚園の側で心配するんだし、ちゃんと受けてくださるんだから安心して連れてっていいんだと、こうわかる

と、だんだんにこちらも緊張が解けてね、それで楽になるんですけれど、それでもやっぱり行くたびにある種の緊張が残るというか、これは否みがたいことなんです。で、実際それはなくちゃいけないんだろうと私は思っているんですが。

　その子が、つい数か月前のことだったと思いますが、幼稚園に行ったとき、幼稚園の子どもたちがちょうど学期末で劇遊びをやっていたんです。練習の時期があって。本番のときに私立ち会ったことはないんですけれど、練習のとき、その今の、私と一緒に連れていった子は、連れていくというかどんどんいっちゃう。その日は、みんなが劇遊びの練習をしていて、だんだん終わり頃になると、先生もなかなか真剣味が出てきて、子どもたちも真剣味が出てきて、ちょっとした緊張感があるんです。それをちゃんと子どもはわかる。それでその日その子は、私の膝の上に座って、2、30分も、じーとその劇遊びを見ていたんです。

　だいたいお弁当の前後、お弁当がすむと、自分の学校のクラスに帰ってくるんですけれど、その日も自分で帰ってきました。私もお弁当を食べようと思っていたら、その子がもうぐいぐいと私の手を引っ張ってこっち来いって言うんです。プラスチックのリンゴを、一人の職員の口の中にがぶっとこう突っ込んで、食べろって言ってるんですよね、プラスチックのリンゴを。そしてその人は、ああ、これは白雪姫だな！と思ったんですね。それでばったり倒れて、そして毒リンゴを食べて、白雪姫が眠ってしまうってところを演じる。何度も何度もそれをやらせて、毒リンゴを口にしたその人が倒れると、ほかの人を手をひっぱって連れてきて、そしてそのそばで泣けっていうんです。それで私もそうやって手をひっぱって連れて行かれて、そしてそこで泣けって。それじゃ泣き方が足りない。もっと、取りすがっておいおい泣けと。それでしょうがないから、女の先生の上にとりすがるわけにいかないでしょ（笑い）。だからそこはとても礼儀正しくね。もっと泣け、もっと泣けってね、やるんです。

第8章　子どもの中のストーリー

　そうやって、ああこの子は、幼稚園で劇遊びを見て、そうして帰ってきて、劇遊びをやって、それを自分が白雪姫になるんじゃなくて、ほかの人をそこに連れてきて、そうやってお前は泣け、お前はこっちから泣け、お前はあっちから泣けって、こうやって、いわばコーディネーターいや演出家をやっている。

　で、ちょうどこの間、津守房江と一緒に、言葉を話さない子どもの言葉ということについて対談したんですけれど、子どもが人の手をぐいぐい引っ張ってそこに連れて行く、言葉を話せない、話さない子どもが、そういうときは、話したいことがいっぱい心の中にあるのだなということがはっきりわかったような気がしました。その子にとっては、その劇遊びをやりたい、その劇遊びのテーマは白雪姫だ。毒リンゴを食べて死んだ白雪姫だ。それをテーマにした劇遊びを演出をする。言葉を話さない子どもがそういうストーリー性をもち、そのストーリーを実際に演じてみるというそれをね、やってることが大事だということがわかるんです。

　私はこれまで、子どもの行動を表現としてみるということを、あるときから一つ、私の子ども理解のテーマにしてきました。で、そのことは今も変わらないんですけれども、それをもう少し広い観点からみたときに、言葉を話さない子どもが怒ったり叩いたり、自分の顔を殴ったり人の髪の毛を引っぱったり、そういう断片的な行動を見て、それを一つひとつをいいとかいけないとか、そのいけない行動をどうやったらよくするか、なんてそんなことはもう、およそもう、お門違いの話であって、その子の中には、必ずそのストーリーがある。それは、今の幼稚園の話でいえば、欠席の子どもの鞄を持ってきて、この子は何してるんだって、これは今私の連れて行く子どもが毎日やっていることなんだけれども、岸井先生のところでは上手に受け止めてくださるんだけれども、それが、私にわかってもらえないと、大きな声を出して、時によってはそのクラス中に響き渡るような、大きな声を出して、みんながあっと驚く。

でもそれはそういう行動が現れたところで、驚いたりなんかするんであって、子どもにとってみれば、自分の中のストーリーが大人にわかってもらえないというそのもどかしさやある時にはその怒り、ある時には泣きわめいたり、叩いたりするということが起こるんだとわかる。
　なかなか一人ひとりの毎日の違った状況の中で、違った行動をどうやってそこを見抜くかっていうのはなかなかたいへんなときもありまして、わかってみれば簡単な単純なことだけれども、わかる前にはなかなかたいへんなときはありますよね。
　それでこんな話を、これは本になっていないと思いますけど、テーマにいたしました。
　そのとき、担任の先生にこの話をしたときに、すぐに言ったことは、その子が白雪姫の劇遊びをテーマにして、ほかのドラマでもよかったのに、なぜ白雪姫だったのか。これは、死ぬということがテーマなんじゃないか。担任の先生にはすぐにピンときたんですね。それは、その子のおじいちゃんが亡くなって、亡くなった時に、すぐにその子は泣いたりなんか外に表せなかった。まるで何でもないように、何にも感じてないかのように周りでは見えた。しかしその子の中には、おじいちゃんが死んだということに対する、人には言えないくらいの思いが、こう胸の中にあったに違いない。
　それで死のテーマ、白雪姫のテーマというふうに結びついたのじゃないかと担任の先生が言うんですね。私も、ああもし僕が今死ねば、1歳3か月や2歳の子どもが、こうやって、口には言えなくても、ちゃんと嘆いてくれるだろうなと意を強くしたんですけどね。
　言葉を話さない、話せない子どもが行動面でいろんなことを表す。それは大人にとって、あるときには否定的にとらえ、あるときには肯定的に、また困ったというか中間の状態でとらえて、その子のストーリーがどうなってるかっていうことを、一歩退いて考えてみるといろんな発見があるじゃないかと私は考えます。

これは多分、いろいろなところで応用できると思っていて、私はいろいろな子どものことをみるときに、ああそんなことを考えているのかと、何かとてもおもしろくて、何か発見も多いような気がして、こういう、1歳、2歳、3歳、また、4歳、5歳、こんな子どもたちの中にいるっていうのが、ちょうど天国からもう一歩ステップをのぼってというか離れてというか、天国からはちょっと遠くなるかもしれないけれども、でも今度は、人間の文化の力をもって、その次の世界を創り上げていく、そういう課題を負って歩みゆく人間の力、つまり保育の力っていうのはそういう文化を創るというところに、大きな課題があるわけですから、そういう姿を見るような気がしています。

めんどうを背負い込む

　今の、幼稚園の話というのは、世の中でいうところの現代の共生の時代においては、インテグレーションあるいはインクルージョンの考えで教育のプログラムをつくっていかなくてはいけないという考えとも結びついてきます。現に私は、年に1、2回か何回か、普通の小学校から呼ばれて、総合学習の中で、子どもたちの自治活動を主にしながら、老人ホームとか障碍者施設とかに、子どもがグループを作って訪ねていって、それをテーマにディスカッションして、そして研究授業をやるというところに招かれて、見ることがあります。これはもちろん非常にいいことで、それは後の小学生の作文などを見ると、私は、ああ子どもたちは、小学校5年生、6年生の子どもが、大人よりもずっとちゃんと物事をまともにとらえていることを思うんですけれども。
　それはたいがい、1回かあるいは2、3週間で違うテーマに移ってしまうから、その後をフォローしてみるチャンスがありません。そういう活動のプログラムというのは重要ではあるんですけれども、行事あるいは特別な体験というよりも、もっと日常的にみんなが一緒になって、生

活するようなそういう日常性をつくっていかなければ、これは本当のインテグレーション、インクルージョンにならないってことはわかりきったことです。だけど、それがなかなかなされないし、いろんな小さな課題がたくさんたくさん取り巻いています。

　今、岸井先生のところで、私が見ていることができてるのは、まさにそういう日常生活の中に組み込まれた、一緒にインクルージョンに向かっていく、まあ一つのステップをやっているのかななんて思うのですが。

　ちょうどそんなとき、先週の日曜日なんですけれど、私が行っている教会、ここから歩いてすぐのところなんですけれど、教会で宣教師がいまして、宣教師というと日本人はたいがい、なんかあんまり感じがよくないという感想をもっていると思うんです。私もそうでありまして、ずっとそうであって、宣教師っていうのは時によって、とっても横柄な言動をとることがあるし、ちょっと言い過ぎかもしれないけれども、感じがよくないときがあります。

　ところが、その宣教師はそうじゃなくて、奥さんが日本人で、旦那さんがアメリカ人なんですけど、とっても仲が良くて、どちらもミュージシャンなんです。音楽を通してお互いを理解できるように、音楽っていうのは割に国境を越えてますから、とてもそういう意味で具合がいいんです。その奥さんがこの前話されて、聞いたことなんですけれど。その日本人の奥さんが、ちょうど10年ちょっと前、1991年に湾岸戦争のときに学生で、まだ結婚する前だったんじゃないかと思いますが。たくさんのアメリカの友人から、日本人は湾岸戦争に対して何もしないと言われたんだそうです。何もしないって言ったって、日本人はたくさんお金を出してる。世界の国の中でも一番たくさんお金を出してるって言っていいくらいお金を出している。それなのに、なんで日本人は何にもしないと言われなくちゃならないのか。非常に憤慨もし、いろいろな思いにとらわれたそうです。ちょっといろんなことを話されたから、確かじゃ

第8章 子どもの中のストーリー

ない点もあるかもしれないけど、ひとつは、その物事に対して、自分の考えをはっきり言わないということからくるんじゃないかと、その人は言っていました。

その事柄に対して、自分の考えはイエスだとかノーだとかあるいは中間だとか、そういうことを、はっきりと人に対して言わないで、お金だけ出して、あたらず触らずにすませる。お金を出していれば、だいたい人からそんなに、ひどくは扱われないものですから。そうやって、人とかかわるということを避けている。人とかかわるっていうことは、面倒を背負い込むことでもあります。面倒を背負い込みたくないから、人とはひとつ金網を隔てて、自分は安全地帯の中にいて、そして、当たらず触らずに社交をするという、こういうスタンス、それが、日本人は何もしないと言われる、そういうことになったんじゃないか。

これは、そう言われるといろいろ思い当たることがあるんです。これは今のインテグレーションの話と無関係ではない気がするんです。以前、皆さんが学生の頃、私がよくそういう話をしたと思うんですが。今すぐ思い浮かぶのは、Yくんという子が手をひらひらやる、目の上で手をひらひらやって。それは当時、自閉症という言葉が出始めたところで、これは自閉症の特徴だと皆がいった。ところが、私はなんだかおかしいぞと思って、子どもの遊び場の周りの金網の中に入って、そして、その子が何を見ているのかと思って、その子と一緒に見たら、その子はキラキラ光る木の上を見ていたという。私が「きれいだね」と言ったところから、その子との交わりが始まったときには、もうその子は自閉症どころか、すごくおもしろく私との遊びは展開したんですよね。

その子は、今はもう25年以上たって、立派なレストランで働いている。自閉症といわれれば、そういう名残はみられないことはないけれど、そりゃ誰だって同じように、何かの名残は引きずりながらやってるんですから。そう考えても、そうやって名前をつけていい場合もあるけれども、名前をつけることによって、一人自分はそうじゃないと金網の内側

から見ている、そういうスタンスを取っているところでは、それ以上交わりは進めなくなってしまうというようなことを、皆さんとそんな話をしてから25年、30年経ってみて、同じ感想をずっと私はもち続けています。

手伝わない自分

　今日はあの頃の学生さんとの教室での付き合いとはちょっと違うから、あんまり僕が極端なことを言うと、もうどうかなとも思ってるけど、今日はちゃんとお目付役が付いていますから、極端なことを言ったら後で訂正してもらえると思って。今日ここでこんな話をすることを思っていて、そしてこんな出来事、いろんなことがあった中で、数日前の明け方、夢をみたんですね。僕は夢の話というのをよく学生さんにして、とんでもないことだと考えられたかもしれないんだけど、時々おもしろいことが中にあって、夢の話をしたっていうのは、あの頃私はユングやフロイトの本を読んでた時期が非常にありましたので。夢ってのは実におもしろいと、関心をもってたんですね。

　今度の夢はね、ある私の友人が、足拭きマットをね、手に持っているんですね。そして私に、「津守先生は何にも手伝ってくれないから」って言うんです。私はね、ぎくっとしたんですね。そうだ、僕は今何にも手伝ってない。掃除っていうのはたいがい一日の最後にやりますから、それをやる頃には僕はもう、疲れ果てちゃって、手伝うなんていう力が残っていないことが多いんですね。なんだ、そんなこと言われたってね、僕はもう、みんなとは走ったりなんかするだけで精一杯で、掃除は勘弁してくれよな、手伝えなんて言われたって無理じゃないか、そう思ったんですね。

　それでもよく考えてみるとね、夢というのはね、その中に現れる人物っていうのはシンボルなんですね。これは私は今もね、その考えはね

第8章 子どもの中のストーリー

変わってない。シンボル、象徴としてのその夢の中の人間。あるいは象徴としての人物像。その友人の、実態として見る友人ではなくて、その友人は、ちゃんと僕、メモしてたんだけれど。あの、私が手伝わないというのは掃除を手伝わないというんじゃなくてね。それで宣教師の話に結びつくわけです。私は、世界で今起こっていることを外側から見ていて、それに対して、ちゃんと向き合って、手伝っていないんじゃないか。

私はOMEPのことをやっているときには、もっと直接的に参与している感覚があった。ところが、それを離れて10年以上経つと、外国へも12、3年行っていませんので、直接に世界とかかわる感覚がやや失せている。すると今の宣教師のような話は自分にぴったり当てはまる。

かつて、1951年に私はアメリカに行っていた。すごい昔ですよね、50年前。そのときに朝鮮戦争があった。アメリカで見る朝鮮戦争は、日本のすぐ隣で起こっているから、日本はたいへんだぞと遠いところに離れながらそういう直接考えるということが、ものすごくあったんですけれど、日本に手紙を書いても、割に間接的関係になっていた。湾岸戦争も今起こっている戦争も、そういう感覚が間に挟まっている感じがする。それで何も、今おかれている日本の立場が悪いとかいいとかって、そういうことを言うつもりはなくて、今にも戦争がはじまろうとしているかもしれない、そのことについて、遠くに離れていて今、私ども、ことに子どものことをやる人間が、直接それに何かするということは、ほとんど何もできないに等しい、そういう無力を感じますけれども、それならそれなりに、でもやっぱり今起こっている世界のそのことに、もう一歩直面するということはどうしたらいいのか。

ちょうどそんな時に、OMEPドイツ国内委員会の会長をしていたゲラー女史からメールをもらったんです。ゲラー女史、知ってる方もあるんだろうけど。私がOMEP日本委員会で仕事をしていたときに、一緒にいろんなことやっていた人で、その中でも特に、ごく最近まで繁々と文通がある人で、それからまた日独交流プロジェクトを一緒にやってき

た人ですが。その人のメールは、今起こっているイラクとの戦争反対の署名運動だった。

　それにも同じように、我々子どものことをやっている人間は、こういう問題に関しては実に無力でということが書いてありました。だけどやれることっていったら、世界中の人ができるだけ一緒に手をつないで、反対することに対しては反対しようではないかというそういうメールで。

　それで、我々の保育っていうもの、子どもの仕事を掘り下げていったときには、今、我々が現に毎日やっている保育や保育しようとしている子ども、幼児教育をどういう考えの理論に基づいてやるのかとか、どういう方法でやるのかとか、そういうこと以前に、幼児教育の仕事も、こうやって子どもから大人になり、壮年になり老人になっていく私どもの、この人生の営みであるからには、人間および世界の一番の根本にかかわる価値観あるいは世界観と、いろいろな点で結びついている事柄ではないか。そこをもう一度、掘り下げていかなくちゃいけないんじゃないか。

　それで、20世紀の日本の教育っていうものを考えると、政治と宗教っていうものを意識的に排除してきたわけです。だから20世紀に教育された人間は、20世紀の後半に、とくに後半に教育された人間は、政治と宗教に対して無知であり、またそれは避けるものだという、そういう根本的な価値観があまりにも前提になっているんじゃないか。だからといって政治や宗教を教育にもち込んでいいなどとは思いません。それは20世紀後半の日本の教育は、その点では半分はよかったと僕は思うんです。政治と宗教をまともに教育に入れ込んだら、その中でいろんなことが起こってきますから、戦争だって起こらないってことはない。だけれど、それに対してちゃんとした理解をもつということを少し怠ってきたんじゃないか。政治と宗教っていうとすぐ、一党一派、お前はどっちの党にするかとそういうふうになりやすいけれど、そうじゃない。それ

第8章　子どもの中のストーリー

に対して正当な理解があってはじめて、どういう態度をとるかということができる。またある面では、ある程度そこにとび込んでいかなければ正当な態度というのをとれないというのも、反面の真実でもあるんですけれども。だけれど、相当の理解があって初めて、次のステップができてくる。

　どうもここに世界の眼から見たときの日本の教育、また日本の人間のウィークポイント、弱点があるんじゃないか。これを、むしろ意識して、これを長所としてもってきたときには、日本は実に恵まれた政治的位置にあって、仏教があり、キリスト教があり、イスラムとヒンズーは遠いけれども、それだけに、それに対する一歩離れた理解をなしえる立場にあり、そうやって私どもは恵まれた地点にもある。正当な理解っていうものを、どうやって私どもは進めていくことができるのか。

　それで今日の話を考えていたときに、こんな日本にいまして、今日と無関係ではない気がしてね。それで今のゲラー女史がまわしてきたメールは、今日僕せめてプリントして持ってくればよかったんだと思うんですけれども、実は私のところのコンピュータが、ちょっとどうも今この2週間ぐらいうまく働かなくて、僕は苦心惨憺して、文字化けした所がいっぱいあるメールなもんだから、ちょっとプリントしてこなかったんですけれども、もしメールが欲しい方は、Iさんにメールすれば、なんて気楽なことを言ったら、Iさんがただでさえものすごく忙しいのに、たいへんなことになるけど、あとでどうぞちょっといい考えを出していただいて、何人かの方にメールすれば、そのメールで署名ができるんじゃないかと思うのです。こんなことをこの会で話すことはどうかなと最初思ってたんですね。だけど、ちゃんとこういうところでね、お話ししなくちゃいかんと思い直しまして、そのことをお話しします。

　今日僕が、話そうと思ってたことは、まあ、主なところでは、こんなところだと思います。私どもには、なかなか抜きがたい偏見がある。子どもに対しても、障碍をもつ子どもに対しても抜きがたい偏見がある。

それは教育の面からいえば、これは、もっと根本に立ち返らなくちゃいかん。もっと根本にというと、どうもこうやって考えると、世界観、価値観までに及んでいく。その後でしかし、これまで私が皆さんといっしょに昭和47、8年のころから、そう考えると30年以上、考えてきた保育学の考え方で、僕は大体の筋は間違ってなかったと、思うんです。それをさらにもっと現場で何度も確かめ、確かめ、そして次第に、人間の、保育と限らず、人間の根本のところにまでさかのぼっていくような仕事を、自分ももう少ししたいと思っているところなんです。

　なんだかこうやって眺めると、ずいぶんいろんな方がここにおられて、私のこんな、未だにこんなところをと言われるかもしれない、そんなところを低迷しながらそれでも、まだもう少し力もあって、力も残っているから自分のできることをもうちょっとやっていきたいという、こんな思いでやっていることをご報告して、まあ大体の話を、こんなところにしようかなと思います。どうぞ津守房江さんに少し訂正していただいたほうがいいかもしれませんけれど、あの、どうも今日はこんな話を聞いてくださってありがとうございます。

🍃 瞬間研究という方法

司会　どうもありがとうございました。房江先生にもお話をいただいたほうがいいですか？

房江　私が最近、津守から聞いていて、おもしろいなと思ったのは、保育っていうのは、瞬間の、何でしたっけ？

眞　瞬間研究。

房江　瞬間研究だということなんです。保育研究で、縦断研究とか横断研究とかいう。私は、何年か前に縦糸と横糸の話をしたことがあると思うんですね。そのとき、縦糸は自分の自我だって思って、横糸は他者がその縦糸に対して織り込まれていく、その横糸がよい横糸であればい

いけれども、ぼそぼそしたり尖った糸だったり、まあ、あまりよい糸でないのが入ってきたら困るという話になったときに、後になって織り上がってみるとね、ああいい味があるじゃないと思えるんです。瞬間研究というと、その縦と横とが組み合ったところで、そこで、ある意味ではきしみがあったり、よくいけば、つるっとそうぶっちがいになったからおもしろさが生まれてくるというのがあって、そのことが瞬間研究っていう話をしたときに、ああおもしろいなって思っていました。自分のほうに引っ張ってしまって悪いんですけれども、私はこう自我の成長というのを、縦糸として考えて、そこに他者がかかわってきて、あるときには自分が他者となって子どもたちの縦糸の中に、まだ弱い縦糸の中に自分が横糸としてかかわっていく。そういうことが両方あるんだと思っていました。それで今日の話とどう結びつくかはよくわかりませんけれども、保育研究というのは瞬間研究だっていうそのことと、なんだか瞬間なんだけれども、広がりがないわけではなくて、広がりがあることなんじゃないかなと思ったんです。世界的広がりでしたから、今日の話は。ですから手元のことだけじゃなくて、世界的広がりになる力をもっているんじゃないかって、瞬間研究というものは。ですからここにいらっしゃる方が保育、もしくは保育の研究をしてらっしゃる方が、皆さんそうだと思うんですけれども、今、まさに手元の一点のことであるけれども、広がりをもっていく可能性があるんだなということを考えました。

　眞　昔から、児童心理学の研究は、縦断研究と横断研究という大きな方法論がある、というところから始まったと思うけど、僕は第三番目に瞬間研究というものを加えて考えてみるんです。瞬間てのは、奥行きも広がりもある。でもただ、ひとつの点にしか表されない。

　司会　ありがとうございました。

資　料

生活の中で乳幼児の成長を見る

　これは講演そのものではなく、講演のときに配布されたプリントである。
　家庭での子どもの行動とその意味についての覚書で、簡潔な言葉の中に、先生の観察や思考の源泉を垣間見ることができる。不明な部分はそのままで、資料として掲載した。

ひたすら遊ぶ　2歳

　子どもが感動し、子どもの発想にそって大人が助力して、子どもが自分の思いを実現する。

　乳児期のはじめにみたように、子どもがジッと見るときには、視覚で見ているだけでなく、心に感じて見ている。大人も一緒にそれに関心を向けると、子どもはさらにそのつづきを歩み始める。危険に対する備え。

　子どもは言葉を話さないから、大人はいろいろと憶測し、想像力を働かせて、子どもの言うことをわかろうとする。それが子どもとの関係をつくる準備段階として実に重要である。そこをなしですまそうとするのが現代である。親においていかれる寂しさや不安を、子どもはシンボリックに行動に表現している。そのストーリーを大人が見つけられるかどうか。それによって保育者との関係がつくられる。

守られた日だまりの空間

　木の葉の落ちる空間、自分で好きなのを選び取る。場所をかえるたびに新しい発見がある。

　小さな空間、自分が自由になる空間、思うところに歩き、手を使い一瞬ごとに、一動作ごとに、自分の小さな理想が実現する。赤い花びらを手の上に集める、いろんな木の葉を取る、それを足元に落として散らす、自動車の合間に向こう側に渡る、手に持っていた棕櫚ボウキをぽとりと落として、片づけずに次に移る。

物の上に物を重ねる

　子どもは茶碗や積み木を重ねる。重ねて高くなると、自分の背が高くなったような気になるらしい。上から見下ろすと、いろんなものが見える。そのように高くなった自分が得意である。積み木が崩れ落ちると大人が拾ってくれる。積み木や自動車をお盆の上に並べる。並べるのは秩序をつくっていることである。そのお盆を持ち運ぶ。積み木のトンネル

や自動車などが並ぶ。子どもの頭にはストーリーがあるのだろう。私も子どものイメージを想像しながらやりとりしていると飽きない。

言葉で話す前に、すでにコミュニケーションはだいたいできている

　言葉になる前に、実際の体験が子どもにはある。その素地の上に言葉がある。言葉以前に身体でかかわっている。それが大人にもおもしろく、子どもの心に直接触れる喜びがある。大人もその時は子どもになっており、子どもと同様に、自分の中でも新しいものを生みだしている。子どもはその遊びを納得してやっている。子どもが始めたことの中に、未来をつくる種がある。子どもを否定的に見る他人の目、自分を否定的に見る自分の目。

水を好む

　台所の流しで水を出して、そのうちに雑巾や手ぬぐいを振り回して、床を水でびしゃびしゃにし、それを喜んで、ウワーと言っていた。大胆に水をまいた。私が濡れていいようにして、思いきって相手をした。30分くらいもそれを続けた。自分でやめて椅子をおりた。着替えをさせてもらい、それですっかり終わった。

毎日新しいことに挑戦する

　戸棚から物を出す、こうしてしだいに新しいことをする。それをやらせ、あるいはどうやればいいかを示してゆく大人がいる。大人にはたいへんだが、こうしてしだいに関心が成長していく。それを嫌だと思わないでやることだ。たいがいの大人はやっていけるようになる。まず子どものしていることをわかろうとし、互いに主張し、妥協し、かかわりながら、注意深く小さな動きを見る。

言葉の世界
ボクモ（お茶）ノミタイ　クク　ジョウズ（母親が手伝おうとしたら）アシタ　クルマ　クルトイイナア
　すでにコミュニケーションはだいたいできている。知っている言葉を連ねてコミュニケーションをしている。

納得すると了解して行動する
　台所の流しで水遊びを始めた。私が脇についていた。子どもが水栓の操作をして、強くしたり、弱くしたり、じーっと見ながら注意深く操作する。機械部のふたを開け、水栓口を向けたので、そこは機械だから水を入れるんじゃないよと言ったら、じきに蓋を閉めて自分から外に出て、オワリと言った。はじめ、大人から止められたと思ったらしい。1歳9か月の子はこういう具合に敏感なところがある。

納得しない時の子ども―ぐずる、泣く、怒るなど―納得すると次に進む
　ギャーと泣きわめくこともある。訓練といって、無理に何かをさせたらそれだけでおかしくなるだろう。小さい時のこのことにつきると言ってもいいのではないか。
　納得しない時の子ども―ぐずる、泣く、怒るなどなど―納得すると次に進む。
　言ったりしたりすることは、日々違っていて、それは発達として目に付くのだが、それとは次元の違うおもしろいことがいくつもある。

幼児は詩人である
　幼児はわずかの言葉を用いて多くのことを表現しようとする。
　対等な小さな仲間―子どもは対象ではない―一緒に生活し、遊ぶ、対等な小さな仲間である。

どこからどこへ行くか疑問をもつ

　水の流れ―通じることが大事。
　コードがどこからどこへとつながるのかがおもしろい。

穏やかで豊かな一日（2歳1か月）

☆子どもの一日は大人の何日にも相当する、凝縮した一日である。
☆保育者はいつもその時その場のことを優先させる。密着して一緒に生きている子どもと、人間の幸せのために生きる。
　そこで保育の基本の4＋4がはたらく。それをなしうる場が与えられるように。空間・時間・人の基本。これは受け身の消極的なことではない。
- 誘導すると、大人はうまくやれたと思うが、子どもの遊びの迫力が違う。
- 自分からし始めたことには、思いがけない創造的な方向に展開する力が内在している。
- 自然の物質と触れるところには、人を生命的にするイメージがある。（流れる水）
- 自信をもち興味をもって遊ぶ子どもは、自分から次にすることを見付ける。
- 愛を受け、充実して生きてきた子どもは、大人との間で相互に了解し合って生活することができる。

赤ん坊は愛と具体的な表現を必要としている―きめ細かな保育

自分からし始めたことには、思いがけない創造的な方向に展開する力が内在している

　対等な小さな仲間
　私は「どうしてこうなるのか」と考えるのでなく、対等の小さな仲間として交わりたいと思う。

☆子どもはストーリーを生きている。
☆感動、驚き、喜びを共にすることがその子の体験を確実なものとする。水が流れることの喜び、木の実を小さな鉢に入れたのがひっくり返る。もう一個あるよと探す。
こういうのを注目を引きたいというステレオタイプの解釈ではなく、驚きや感動を共有する人がいると理解したほうがその後の展開がある。注目を引きたいと考えるとdependentと理解することになる。もっと未来発展的、力動的に解する。

怖い話を聞くと泣く

道具に関心をもつ（2歳6か月）

子どもはひたすら遊び、大人も一緒に自分の遊びをする
　大胆に水をやる
　布団を落として、船にすると言い、そのアイディアの実現に手を貸す。

親しい人と二人だけの世界をつくりたい（2歳9か月）
☆おもしろい一日だった。自己実現とは自分がしようと思ったことをやりきって終わることである。一日でも、一生でも。
☆目をつぶって来る、目に手を当てている。ジジチャン見ちゃダメ、他人に見られたくない（私が記録を書いていることを知っている）。私はそれに気が付いたので、子どもの前で書くことをやめることにした。

質問をする　言葉遊びを楽しむ

電話でしっかり話す
　大人の会話に加わって、無理なく応答する。話題が自分に向けられな

いとダメ。大人の生活も、子どもが加わって、無理なく進行する。こういうことが3歳になったときの変化である。水の流れのイメージというだけでなく、それを自分の力で実現するイメージ。保育的に言えば、過去につくったイメージをゼロにして新たにつくり直すイメージ。
☆私がふと話した桃太郎とスイカ太郎のばか話を耳を澄まして聴くので、私はしまったと思い、何でもない明るい話にした。
☆あんまり、ソウジャナイと叫ぶので、私は自分の学校（愛育養護学校）を思い出し、子どもと同列になって動こうとした。布団のトンネルの下を迷路と言ったり、電車と言って歌を歌ったり。私はブルートレインになって動いた。その子と親しくなった気がした。子どもも私に親しい気持ちのようで、小さな仲間だった。そうしたら、その子は私の後をついて回っていた。うんとやった。もっとやっていいと思ったが、子どものほうからやめた。

大人が口を出すと怒る
積み木で複雑な形を作る（3歳2か月）
　門の上に積み木をわたすことから、それを組み合わせて複雑な形を作り、三角を組み合わせて柱にし、何度かこわれるが、大人に手伝ってもらって作り直す。大人が手をふれて自分の思うようにならないと、シーーンと怒る。何層にもなった構造物である。わき目もふらずに、もっと深くなればと言いながら、大人が何か言うと、うるさいというように怒ったり、いい考えで従ったり、最初、門を作ろうとしていたが、うまく上にのらなくて苦心していた。それから階段を作ろうとし積み木をずらして、階段にするのだが、そうすると、端の支えがなくなって、こわれる。どうしたらうまくいくかと考えている。

納得するまで主張する（3歳6か月）
電池の電車がもうこわくない。

☆その時の状況の中で変化したことと、その頃の悩みが溶けて変化したことがある。
☆ありがたいと思うと寛容になる。

一つずつの活動の区切りが意識されている

☆碁石を放って散らした。私どもはこれがなくなるとたいへんだと言った。「ちがうの、あとでババちゃんたちが拾うの」と言って、そのことを疑わない。散らかすのを、いけないと言うのでなく、大人がかならず拾ってくれることを信じて疑わない。その信頼が大事なのだ。

幼椎園入園─生活時間の混乱。朝起きたとき、パジャマのまま着替えない。

個室を作りたい─大事にしているものを守っているんだと言う。私はその気持ちがとても大事だと思う。

図鑑

知識と言葉のやりとりをして遊ぶ(身体行動ではなく)(内実はイメージである)。

☆庭で石を掘り上げようとする。私に力一杯やらせる、その堀り上げようとする執念はすごい。それを見ていると、いつもあくまでも自分の思いを通そうとするのが、この執念なのだと気付かされる。

☆船を作っていた。大桟橋を作ってくれという。大桟橋の作り方が、細かいところまで自分の考えがある。それにうまくはまると、「それでいい」と言っておさまる。

☆風が吹くと、カーテンがさっと揺れて、顔にかかる。キャキャと笑う。根源的体験。かたくなになってもそれを考え直すこと。

あとがき

　この講演集は今から遡ること30年前、津守先生がお茶の水女子大学を退官されるときに企画された特別講演「保育学の現在」から始まっています。先生はお茶の水での30年間を振り返られ、最後に「保育の研究は、私はこれから今までよりもっと続けていくつもりでおります」と結んでいらっしゃいます。

　その後30年間にわたり、先生が愛育養護学校での実践を踏まえながら保育に対する思索を深められたことはご存じのとおりです。その先生がお忙しい生活の合間をぬってほぼ毎年私たち「保育研究グループ『はるにれ』」の主催する小さな会で「今、考えていること」ということで、そのとき考えていらっしゃる先生にとって一番ホットな話題をお話ししてくださいました。それが積もり積もって21回分（そのうちの2回は津守房江先生との対談）の講演記録となって『はるにれ』の事務局の手元に残っていきました。あるものは録音テープのまま、あるものはそれを起こした小さな冊子となって。

　この講演録を何とか形にして出版したいと先生にご相談申し上げたのが、確か1996年頃のことだったと思います。そのとき先生はこうおっしゃいました。「そんな私の話したことをまとめる時間があったら、あなた方は自分たちの仕事をしっかりなさい」と。当時の事務局のメンバーは、それまで子育てをメインにしていた人たちがそろそろと保育の仕事に戻り始めていたときではありました。私たちは先生の思いを伺い、そのときは断念しました。

それからさらに年月が流れ、録音テープのみが積み重なっていきました。15年近くの月日が流れた2012年、私たちはもう一度先生に「講演集」を出版したいとお願いに上がりました。お願いに上がる前にしたこと。それはテープのままになっているものを文字におこすこと、そして散逸している文字おこしをした小冊子を確認することでした。現在の事務局メンバー7人で手分けしてその作業を行いました。そこで私たちはまた先生のおっしゃったことを新たに聴き直すチャンスに恵まれました。なんといっても長い年月が流れ、テープの中には当時小さかった我が子たちが引っ張り出して遊んでぐしゃぐしゃになってしまった部分があるものや、録音されていたはずなのに「シーン」という音しか聞こえてこない部分のあるテープ、さらに年月日を録音し忘れて、いつのものであるかを確認するのに手間取ったもの……、そんな素人仕事をまとめるのには思ったより時間がかかりました。でもその作業は、私たちにとって、また新たな勉強のときでもありました。そんな作業と新たな発見のときを経て、最終的に事務局のメンバーで読みあい、聴きあって、今回の講演集に残すものを決めていきました。
　先生はこの30年の間にいくつもの著作をまとめられています。この講演集に掲載したものは、それらをまとめられる前に「今、考えていること」としてお話しくださったものも多く含まれています。先生ご自身が推敲を進められる前のものを活字にすることへの一瞬のためらいがなかったわけではありませんが、でも推敲される前だからこその、そのときの先生の思いや揺らぎがそのまま表われており、私たちはそこに深く共感してお話を伺っていたことを思い出しました。保育学の大先達としての先生ではなく、一人の人としての津守眞を感じていたというべきでしょうか。
　先生にドラフトともいえるものをお持ちしてご相談をかけたとき、当初は「こんなのいやになっちゃう。まっ黒にしてもいいかしら」と仰いました。どうぞご存分にという気持ちでお待ちしていると「これはこれ

でいいかもしれないね。そのときのあのこと、このことが思い出されたり、自分が自分の本を作るのではない視点からみると、いろいろなことが考えられておもしろいです」と仰ってくださいました。こんな経緯を経て、今回出版まで漕ぎつけることができました。

　ここで、少しだけこの「保育研究グループ『はるにれ』」について述べさせていただきたいと思います。このグループのもととなったのは「遊びをみつめる」会です。この会は1980年に津守研究室の1973年の卒業生数名が中心となって始めました。全国に散った友はそれぞれに子育ての時期に突入していました。そのような状況の中、子育ての日々で考えたこと、感じたことを文章に残して読みあおうということを計画したのです。現在のようにパソコンも携帯もまだなかった時代、できることはそれぞれが書いたものを集約し、当時の最新鋭機器であったゼロックスでコピーして郵送し、読みあうというものでした。なにしろ「記録の津守研」を自負していた私たちでもありました。この計画を先生にお話しすると先生はゼロックスの代金を研究費から捻出してくださったのです。こうして先生にも読んでいただけることになりました。先生はこのような形で子育てをしている弟子たちを支えてくださっていました。

　それから3年ほどたった1983年、先生はお茶の水を退官されることになりました。大学に行けば先生にお会いできてお話もでき「遊びをみつめる」会の諸々のことの相談にも乗っていただけたのですが、それがままならなくなる……。そうなったときに思いついたのが、このときの特別講演の後にも年に一度は先生のお話を聞く会を企画しようというものでした。

　当時は、まだおんぶに抱っこの子育て只中にあった私たち。その私たちにできることは相変わらず子育てや保育のことを書きあうことでしたが、それにひとつ先生のお話を伺う講演会を年に一度開くということを付け加えました。これくらいなら子育て中でもできる、そう思ったわけ

です。こうしてこの小さな講演会ははじまりました。

　毎年一度は先生のお話を伺うことを一つの柱にしつつ、私たちの会は「その時できることを、ほんの少しだけ無理をして」をモットーにその時々にできることを模索していきました。東京近郊の人たちとは年に何回かの自主保育グループの活動もしました。また津守研の卒業生だけではなく、その仲間を広げていきました。そして名前も、一人の仲間の発案で「はるにれの会」に変更しました。「はるにれの木」のように大きな幹と茂った枝や葉をもつ会、つまり幹はしっかりと、そしてゆるやかにつながるネットワークを構築していくことを願ってのことです。書きあい、読みあうことは「はるにれだより」の発行という形で続けていきました。そのうちに、この会の仲間が保育学会に発表することや保育雑誌に投稿することなども次第に増えていきました。仲間の多くは、子育て中は専業主婦をしていたこともあって、いわゆる公的な意味での「所属」というものを持っていませんでした。そこで、それならば自分たちで作ってしまおうということで会の名前を「はるにれの会」から「保育研究グループ『はるにれ』」に再度変更したのです。

　私たちの会の活動の形態は、このように30年間で変動はありましたが、津守先生の講演会だけは変わらず続けていきました。講演会では先生の講演の前後に必ずもう一人の演者を立ててほしいというのが先生からの注文であったこともあり、私たちの仲間、あるいはそのときに私たちがお話を伺いたいと思う方を演者に立てることを続けました。多くの場合、先生はそこにも参加してくださり、終わった後のフリートークにも加わってくださっていました。

　先生は一貫して「親しい人たちの前で、今考えていること」をときには草稿を用意され、あるときはいくつかの胸に秘めた話題をお話しくださいました。それはまた、先生が保育実践の現場に身を置かれてからも実に「学者」であることを実感した年月でもありました。

　この本の3章にある富戸の合宿のときです。子連れの仲間も多く、先

生の講義の時間以外は子どもたち中心の2泊3日でした。子どもたちのためにお子様ランチ風の旗を手作りしてくださった先生でしたが、そのお話は「難解」でした。そのテープにはセミ時雨と子どもたちの喧騒の中でも、先生がそれらのことに動ぜず、講義をしてくださった様子が残っています。最後に先生が原稿から顔をあげられて「みんな聞いてるのかな（笑）」とおっしゃったのが印象的でしたが、先生は先生の道を深めながらそれを惜しげもなく私たちの前にご自身の学問的な立ち位置を開示してくださっていたのです。一方、受け手であるはずの私たちがその意味をおぼろげながらに理解するチャンスが巡ってきたのは30年近くたってからのことという有様ではありました。

　先生はこれらの講演の前には「今を話すんだ、今を話すんだ」と思いながら、足を運んでくださっていたと伺いました。その「今」のお話のなかには先生ご自身が迷われたこと、つらいこと、困ったことも含まれていました。「皆さんは理論的なことを期待されているかもしれないけれど、僕はいえない」とおっしゃったこともありました。そんな先生の今を一緒に学ばせていただいた30年間であったとも思います。この講演集のタイトルを「保育の現在－学びの友と語る－」にしたのは以上の経緯からです。

　本書の出版にあたっては、多くの方々に大変お世話になりました。

　本田和子先生は、第1章のお茶の水女子大学での特別講演を主催された当時、児童学科の学科長でいらっしゃり、この講演の司会をなさいました。本書を企画するにあたってまずはこの特別講演を掲載したいという思いがあり、先生にこの旨をご相談申し上げましたところ、ご快諾くださいました。ここに厚くお礼を申し上げます。

　津守房江先生は、私たちにとってのひとつのロールモデルでした。メンバーの何人かが家庭に踏ん張って子育てすることの意味を発見でき、この会を続けてこられたのも、房江先生がいらっしゃってこそのことで

す。

　本書の責任編集は入江礼子、友定啓子が、またテープおこし、資料の整理、選定等の作業は現在の「はるにれ」事務局のメンバーである榎田二三子、塚田幸子、河合聡子、杉本裕子、小泉かおるが行いました。

　最後に、津守眞ワールドの豊饒さと学術性に共感し、私どもの思いを受け止めて下さった萌文書林社長の服部直人氏はじめ関係者の方々に厚く感謝申し上げます。

2013年春　桜の花吹雪を浴びながら
入江礼子

はるにれ　津守眞講演会　開催一覧

① 1984 年 7 月　「理解するということ」　　　　　　はるにれ講演会　　　　（第 2 章）

② 1985 年 8 月　「精神科学としての教育学」　　　　はるにれ夏の合宿　　　（第 3 章）

③ 1986 年夏　　「この 3 年」　　　　　　　　　　　はるにれ講演会

④ 1987 年 3 月　「保育的思考について」　　　　　　はるにれ講演会　　　　（第 4 章）

⑤ 1989 年 3 月　「自我の発達」　　　　　　　　　　はるにれ講演会　　　　（第 5 章）

⑥ 1991 年 6 月　「8 年経って現場で何を学んだか」　はるにれ講演会

⑦ 1992 年 6 月　「10 年経って考えること」　　　　 はるにれ講演会

⑧ 1993 年 6 月　「平和教育について」　　　　　　　はるにれ講演会　　　　（第 6 章）

⑨ 1994 年 6 月　「無題」　　　　　　　　　　　　　はるにれ講演会

⑩ 1995 年 6 月　「OMEP 世界大会前夜」　　　　　　はるにれ講演会　　　　（第 7 章）

⑪ 1996 年 6 月　「障碍者福祉の歴史・自分史」　　　はるにれ講演会

⑫ 1997 年 12 月「保育の方法論について」　　　　　はるにれ冬のセミナー

⑬ 1999 年 2 月　「生命性と知性」　　　　　　　　　はるにれ冬のセミナー

⑭ 2000 年 2 月　「現代人のライフプラン」　　　　　はるにれ冬のセミナー

⑮ 2001 年 2 月　「花と子どもと小鳥
　　　　　　　　―大人の世界に与えられた恵み」　はるにれ冬のセミナー

⑯ 2002 年 2 月　「保育の知」　　　　　　　　　　　はるにれ冬のセミナー

⑰ 2003 年 2 月　「子どもの中のストーリー」　　　　はるにれ冬のセミナー　（第 8 章）

⑱ 2005 年 2 月　「発達診断再考」　　　　　　　　　はるにれ冬のセミナー

⑲ 2006 年 2 月　「生活の中で乳幼児の成長を見る」　はるにれ冬のセミナー　（資料）

著者プロフィール

津守 眞（つもり まこと）
1926年東京生まれ
学校法人愛育学園愛育養護学校顧問
お茶の水女子大学名誉教授
OMEP（世界幼児教育・保育機構）名誉会員

● 主著
『幼稚園の歴史』恒星社厚生閣 1959（共著）
『乳幼児精神発達診断法』大日本図書 1961（共著）
『人間現象としての保育研究』光生館 1974（共著）
『保育の体験と思索』大日本図書 1980
『自我のめばえ』岩波書店 1984
『子どもの世界をどうみるか』日本放送出版協会 1987
『保育の一日とその周辺』フレーベル館 1989
『保育者の地平』ミネルヴァ書房 1997
『私が保育学を志した頃』ななみ書房 2012

編　集

入江礼子　元共立女子大学家政学部児童学科教授
　　　　　元鎌倉女子大学幼稚部部長
友定啓子　元山口大学教育学部教授
　　　　　元山口大学教育学部付属幼稚園長

津守眞講演集
保育の現在 ── 学びの友と語る ──

2013年5月11日　初版発行
2015年6月28日　初版第2刷
2024年6月18日　初版第3刷

著　者　津守眞
編　集　入江礼子・友定啓子
発行者　服部直人
発行所　（株）萌文書林
　　　　〒113-0021 東京都文京区本駒込6-15-11
　　　　TEL. 03-3943-0576　FAX. 03-3943-0567
　　　　https://www.houbun.com/
　　　　info@houbun.com

印刷・製本　大村紙業株式会社

装　丁　大路浩実
装　画　香川理馨子

ISBN978-4-89347-187-1　C3037
©Makoto Tsumori 2013 Printed in Japan　　〈検印省略〉

定価はカバーに表示してあります。
落丁・乱丁本はお取り替えいたします。
本書の内容の一部または全部を無断で複写（コピー）することは、法律で認められた場合を除き、著作者及び出版社の権利の侵害になります。本書からの複写をご希望の際は、予め小社宛に許諾をお求めください。